Friedrich Kaiser

Des Krämers Töchterlein

Original-Charakterbild mit Gesang in drei Akten

Friedrich Kaiser

Des Krämers Töchterlein
Original-Charakterbild mit Gesang in drei Akten

ISBN/EAN: 9783743485501

Hergestellt in Europa, USA, Kanada, Australien, Japan

Cover: Foto ©ninafisch / pixelio.de

Weitere Bücher finden Sie auf **www.hansebooks.com**

Wiener
Theater-Repertoir.

83te Lieferung.

Preis 60 Neukreuzer oder 12 Sgr.

Des Krämers Töchterlein.

Original-Charakterbild mit Gesang in drei Acten.

Von Friedrich Kaiser.

Musik vom Kapellmeister Carl Binder.

Den Bühnen gegenüber als Manuscript gedruckt.

Wien, 1862.

Verlag der Wallishausser'schen Buchhandlung (Josef Klemm),

Stadt, hoher Markt 541, gegenüber dem Galvagnihof.

Des Krämers Töchterlein.

Original-Charakterbild mit Gesang in drei Acten

von

Friedrich Kaiser.

Musik vom Kapellmeister Carl Binder.

(Zuerst mit glänzendem Erfolge dargestellt am k. k. priv. Carltheater in Wien.)

Personen:

Baron Hornstein.
Eugen, sein Sohn.
Jonas Prell, dessen Bereiter.
Jak, Reitknecht.
Jeremias, Castellan auf dem Schlosse des Barons.
Glattner, Tuchhändler.
Minna, seine Tochter.
Conrad, Commis
Hans Murr, Comptoirist } bei Glattner.
Jacob, } Diener
Martin, }

Pelzmann, Wirth.
Riegler, } Gäste.
Hattinger, }
Brand, Commissär.
Henri, Kammerdiener des Barons.
Agathe, seine Frau.
Poldi, Kellnerjunge.
Raß, } Bauern.
Görgl, }
Hubert, Jäger des Barons.
Eine Gerichtsperson.
Eine Wache.

Diener. — Landleute. — Jäger. — Commis ꝛc. ꝛc.

Der zweite Act spielt um einige Monate später als der Erste — der Dritte einige Tage nach dem Zweiten.

Erster Act.

(Handelsgewölbe Glattner's. Seitwärts die Bu-del, im Hintergrunde eine Glasthür, welche auf die Straße führt, neben derselben rechts ein ebenfalls auf die Straße gehendes Fenster, links eine Thür, durch welche eine in das obere Stock-werk führende Treppe fährt.)

Erste Scene.

Jacob. Martin. Andere Diener.

Mehrere Diener (bringen Tuchballen durch die Glasthür herein).

Jac. So, da sind jetzt alle Tücher, die vom Tuchscherer kommen sind.

Mart. (auf die Stellagen weisend). Nur da hinauf!

Jac. (ein Papier hervorziehend). 's ist auch die Rechnung mitkommen.

Mart. Leg's nur dort auf die Budel hin, der Herr is net zu Haus'.

Jac. (mit Martin vorwärts kommend). Du, das geschieht aber jetzt schon a paar Mal, daß unser Herr g'rad dann net zu Haus ist, wenn Rechnungen zum Auszahlen eingeschickt werden.

Mart. (sieht ihn finster an). Was willst damit sagen?

Jac. Ich sag' gar nichts, aber die Leut', die ihr Geld wollen, beuteln halt den Kopf und sagen auch nichts als: hm, hm! Aber ich meine alleweil, wann Leut' von einem Kaufmann per: hm, hm! reden -

Mart. (unwillig). Hör' auf, nichts ist mir z'widerer, als ein Diener, der seinem eigenen Herrn kein'n Credit schenkt. (Zu den andern Dienern.) Kommt's, wir müssen draußen noch die andern Tücher unter die Preß' legen. (Geht mit den Uebrigen durch die Glasthür ab.)

Jac. (ihnen nachsehend). Heut' kommen bloß die Tücher, in a paar Tagen vielleicht die Tuchhändler unter die Preß'! Ich hab' so meine Nasen! Vor der Hand sag' ich aber auch nichts, als: hm, hm! (Geht kopf-schüttelnd den Uebrigen nach.)

Zweite Scene.

Conrad (kommt aus der Magazinthür).

Lied.

Wer echtes Gold haben will, findet es nicht
Herob'n auf der Erde, im sonnigen Licht,
Nein, tief in den Schacht hinab muß er steigen,
Da werden die glänzenden Adern sich zeigen.
Ist oben die Erd' noch so grünend und hold,
In der Tiefe, in der Tiefe
Da ruhet das Gold!

Und wer einen Schatz sucht, von Geistern bewacht,
Muß nehmen den Spaten zur Hand in der Nacht,
Und tief in die Erde muß er sich begeben,
Um glücklich den schimmernden Mammon zu heben,
Man findet ihn nicht gleich heroben am Platz —
In der Tiefe, in der Tiefe
Da ruhet der Schatz!

Will Einer ein Gläschen von ganz reinem Wein,
Den schenkt man heroben nur selten ihm ein,
Doch steigt man recht tief in den Keller hinunter,
Da strömt's aus dem Spundloch so perlend und munter,
Hier oben kriegt man nur ein gewässertes Glas —
In der Tiefe, in der Tiefe
Da ruhet das Faß!

Ja, man glaubt nicht, was für Reize die Tiefe bietet, und darum kann ich nicht begreifen, wie es so viele Leute geben kann, die in die Höhe wollen; sie sehen's an jedem Berg, je höher er ist, desto kahler ist sein Gipfel, nur in den Niederungen ist er schön und grün bewaldet! Gerade so geht's auch mit dem Menschen, je höher er steht, desto einsamer und freudenärmer ist er auch, während wir geringeren Leute so recht eng aneinandergeschlossen, Freud' und Leid mit **einander** theilen, und das ist auf jeden Fall **eine profitable Theilung, denn** wenn man seine Freude mit einander theilt, so hat man selbst **eine doppelte Freude, und wenn man sein Leid** mit einem Andern theilt, so hat **man selbst** nur ein halbes Leid. — **Während von den** Vornehmen oft jeder einzelne **eine** ganze Reihe von Zimmern braucht, **damit** seine **ungeheure** Langeweile darin **Platz hat,** bewohnen wir Geringeren meist zwei und drei zusammen nur eine Stube, da hat die Langeweile gar keinen Platz mehr darin. Alle diese Urtheile einer niedern Lebensstellung haben in mir jedes Gelüste nach einer gefährlichen Höhe erstickt — mag meinetwegen der stolze Geier hoch auf seinem Felsenriffe horsten, ich will lieber ein Hamster sein, der in seiner bescheidenen Höhle Körnlein auf Körnlein zusammenspeichert, damit er für den Winter geborgen ist. Freilich **habe ich bisher noch** keine eigene **Höhle,** aber **mit Gottes** Hilfe werde ich's **schon** zu einer bringen und mich dann von mageren Hamsterlein zum recht feisten gehäbigen Hamster hinauswachsen, nachher noch eine Hamsterin dazu, und wieder ganz kleine Hamsterlein, die um mich herumkrabbeln — o, da verlange ich mir nicht hoch zu den Wolken hinaufzufliegen, auch in den tiefen Erdschollen kann sich ein Himmel bergen.

Dritte Scene.
Conrad. Hans Murr.

Hans (kommt mit einer großen ledernen Brieftasche unter dem Arme zur Mittelthüre herein, er wirft die Brieftasche mißmuthig auf die Bude). Da lieg'!

Conr. (ihn bemerkend). Ah, Hans! Was treibst denn?

Hans. Ich bin heut' den ganzen Tag herumgelaufen, Schulden einzucassiren, jetzt ist mir mein Portefeuille zur Last geworden!

Conr. Hast Du so viel eingenommen, daß es Dir zu schwer geworden ist?

Hans. Lächerlich! Eine volle Brieftasche ist mir nie zu schwer, aber **ein** Portefeuille wie das da, (nimmt es, **öffnet** und schüttelt **es** umgekehrt) wo nichts, aber rein gar nichts d'rin ist, das drückt einen nieder.

Conr. Wo warst denn überall?

Hans. Bei **alle** Schneider, die bei uns Tuch nehmen, und dennoch komm' ich jetzt als Schneider nach Haus.

Conr. Armer Alter! Der Schweiß steht Dir auf der Stirn!

Hans. Ja, ich schwitz', weil von unsern Schuldnern keiner hat schwitzen wollen. — (Mit der Pantomime des Geldzahlens.) Dieser Schweiß **ist** nicht bloß Folge der heutigen Ermüdung, es ist auch Angstschweiß für **morgen.**

Conr. (nachdenkend). Ja, morgen ist der große Wechsel von zwölftausend Gulden an den Brünner Fabrikanten fällig; er wird uns zeitlich präsentirt werden.

Hans. Ja, 's wird präsentirt und wir werden gar nicht ausrücken können — das wird a schöne Parade werden.

Conr. Na, unser Principal ist ja auch eincassiren gegangen; in die vornehmen Häuser geht er immer selbst.

Hans. Lächerlich, wenn ich schon bei den ordinären Kundschaften kein Geld kriegt hab', nachher glauben Sie, daß die Vornehmen zahlen werden? Da haben Sie gar keinen Begriff von der Welt! — Ich wett' **darauf,** unser **Herr** kommt wenigstens net **hung'rig zu Haus.**

Conr. Wie so?

Hans. Weil sie ihn überall werden abgespeist haben!

Conr. Man sollte doch glauben, daß in

vornehmen Häusern mehr Ordnung in Betreff der Zahlungen herrsche —

Hans. O ja, das is wahr! Ich hab' **einmal bei einer** Herrschaft was einzucassiren gehabt, der Kammerdiener hat mich langmächtig herumzogen, da ich endlich grob geworden bin — stellen Sie sich vor — wirft **mich der** Kammerdiener zur Thür hinaus — im Vorzimmer **steh'n** schon zwei Bediente, **die** werfen **mich** auf'n Gang hinaus — **am Gang steht der** Hausknecht, der wirft **mich über die** Stiegen hinunter **und unten empfangt mich der** Portier, der **wirft mich auf die Gasse** hinaus! — Alles **in der schönsten Ordnung!**

Conr. Wenn deine Befürchtungen wahr **würden, wenn** auch er nichts ausgerichtet hätte! — Armer Mann, von allen Seiten droht ihm Gefahr!

Hans (neugierig). Von allen Seiten? Ja, hat denn ein Kaufmann mehr andere Seiten, als die Geldseiten?

Conr. Unser Principal ist nicht bloß Kaufmann, er ist auch Vater!

Hans. Ja, von einer einsichtigen Tochter! — Aber da seh' ich keine Gefahr, die ist ja kerngesund!

Conr. (ihn an der Hand fassend). Das ist **nicht wahr!**

Hans (sieht ihn erstaunt an). Was? Wie ich fortgangen bin, hab' ich's ja noch beim Fenster hinausschauen gesehen!

Conr. Ja, am Fenster — alleweil am Fenster, das ist eben ihr Uebel.

Hans. Weil's gern beim Fenster hinausschaut? Aber diese Ueblichkeit haben ja die meisten jungen Frauenzimmer, und es ist noch keine daran gestorben!

Conr. Es handelt sich nur darum, wem zu Lieb' sie zu gewissen Stunden am Fenster is!

Hans. Am End' wegen Einem, der öfters **am** Fenster vorbeigeht? Da hat's schon gar keine Gefahr, denn dann ist's nur was Vorübergehendes. —

Conr. Nein, er reitet vorbei!

Hans. Dann ist's bedenklich — dann ist's am Ende was Galoppirendes!

Conr. Ich bitte Dich, mach' keine Dummheiten, die Sache ist ernster, als Du glaubst — es ist ein junger Cavalier!

Hans (erstaunt). Cavalier!?

Conr. Der reiche Baron Hornstein, er reitet täglich durch unsere Gasse, läßt vor Minna's Fenster sein Pferd die kühnsten Lanzaden machen, sie scheint Wohlgefallen daran zu finden —

Hans. Vielleicht g'fallt ihr nur das Roß.

Conr. Sie ist seitdem ganz verändert, mit einem Wort, sie liebt ihn!

Hans. Teufel, ist das g'schwind gegangen! Freilich, zu Pferd geht Alles geschwinder.

Conr. Siehst Du nun die Gefahr ein?

Hans. So lange er noch auf seinem Pferd und sie nur am Fenster ist, macht es nichts, aber wenn er einmal absitzt und sie aufsitzt —

Conr. Er ist ein schöner junger Mann, Cavalier obend'rein, ihre geschmeichelte Eitelkeit wird sie dem Verführer in die Arme liefern! — Dieß zu verhüten, sind wir unserm guten Principal schuldig! — Du bist der älteste Diener des Hauses! —

Hans. Ja, ich hab' das Fräul'n Minna schon als kleinwinziges Maderl auf'm Arm umtragen. Ich hab' so zu sagen Ammelstelle an ihr vertreten.

Conr. Und mich verpflichtet die Dankbarkeit. — Herr Glattner hat mich als armen Waisenknaben aufgenommen, d'rum laß uns überlegen —

Hans. Von Ueberlegung ist bei mir keine Spur, hier muß gehandelt werden.

Conr. (horchend). Still! — Hörst Du nicht Pferdegetrappel?

Hans. Sind das seine Schritte?

Conr. (eilt zum Fenster und sieht hinaus). Richtig! Der Baron mit seinem gewöhnlichen Begleiter — sie steigen am Ende der Gasse vom Pferde — sie sprechen — jetzt geht der Begleiter auf unser Gewölb zu.

Hans. Ha! **Ein** Abgesandter der feindlichen Partei! — Empfangen wir ihn gerüstet! — Zu den Waffen! Wo sind die Ellen? (Holt eine Elle von der Budel.)

Conr. Nicht doch! Wir müssen erst Gewißheit erlangen — komm' da hinein! (Auf die Magazinthür weisend.) **Dort** wollen wir unsern Plan besprechen.

Hans. Ich bin mit meinem Plan schon fertig! Mein Plan heißt: „b'reinschlagen!" Wenn der Kerl mir traut, so kann er seinen eigenen Buckel als **eine Musterkarte** von all' unsern Tuchfarben **mit nach Haus** tragen! (Beide ab in's Magazin.)

Vierte Scene.

Jonas Prell (im rothen Reitfrack, Kappenstiefel mit Sporen, die Reitgerte **in** der Hand, tritt durch die Glasthür **ein**).

Lied.

Natur, Du bist groß, hast All's weise eingericht,
Zum Beispiel, wie g'scheidt, daß 's kein Thier gibt, das spricht;
Der Herr sagt: „Wie g'schwind thut mein Zucker gar werd'n —"
„Der Kanari," sagt d'Köchin, „der frißt ihn so gern,
Ich brauch' ja für ihn alle Tag' a halb's Pfund."
Jetzt, wann da das Vögerl sich aussprechen kunt —
Saget: „**Ich armer Schlucker,**
Ich krieg ja vom Zucker
Nicht einmal **ein** Breserl —
Aber da d'Mamsell Reserl
Hat ein' Schatz, den's tractiren muß,
Kaffee ihm serviren muß,
Um den recht z'versüßen,
Hat's Zucker schnipfen müssen;
Und mich, ach, mich Armen
Speist's ab mit Hühnerdarmen."
Wenn das Vögerl so redet, das wär' höchst genant,
's müßt bittern Kaffee saufen jetzt der Amant,

Und **da krieget** die Lieb' ein'n g'waltigen
Stoß —
Doch **das Thier** kann nicht reden,
Natur, du bist groß!

's hat **ein Ehmann ein'n Hund** in sein'
Garten, beim Haus,
Wenn **ein Fremder** kommt, packt er'n und
laßt ihn nicht aus,
Doch **einmal kommt Einer, dem Mann**
unbekannt,
Da wedelt der Hund und frißt ihm aus
der Hand,
Der Ehmann wird zornig und prügelt den
Hund —
Jetzt, **wenn** da der Azor sich aussprechen
kunt —
Und saget: „**Aber** schauen's,
Ganz unverdient hauen's
Mich **heut'**, denn der Herr **da**
Schon öfters war der da.
Wie Sie waren verreiset,
Hat öfters er da g'speiset,
Ihre Frau selbst erwart'n
Oefters rückwärts im Garten,
Führt **ihn selbst** über d'Schwelle —
Und **da wollen's**, daß ich belle?"
Wann der Wachhund so redet, ich **glaub'**
zu der Stund'
Hätt' der Stock wohl den Dienst **bei der Frau**
statt beim Hund;
Erst **g'wichst**, dann davong'jagt werd'n,
das wär' ihr Loos —
Doch **das Thier** kann nicht reden,
Natur, du bist groß!

Ein Handlungscommis, à quatre epingles
geputzt,
Hat Sonntags ein ausg'liehenes Schulpferd
benutzt,
Bringt's abg'hetzt nach Haus, schon ganz
auf allen Vieren —
Da will der Vereiter mit ihm räsonniren!
Doch er sagt: „Ich war nur in der Prater-
Allee!"
Jetzt, **wann** da das Schulpferd könnt'
reden, o je!

Wann's faget: „Herr Bereiter,
Ich füß' b'Hand für den Reiter;
Zuerst hinaus nach Weidling,
Und dann über Meidling,
**Dann noch über die Linie
Hat'r g'hetzt mich unsinnig,
Durch b' g'pflasterten Gassen,
Wo b'Stubenmad'ln passen,
Um sich zu produzier'n,**
Zwingt **er mich,** z'galoppir'n,
Dafür zahlt **er** zwei Gulden,
Das dürfen's nicht **dulden.**"
Wann das **Pferderl** so redet — da kriegt
der **Commis**
Kein **vierfüßiges Pferd** mehr zu leihen gar
nie!
Und **dürst'** nur die Eß'n noch reiten statt'm
Roß!
Doch das Thier kann nicht reden —
Natur, **du bist groß!**

Ja, wenn zum Beispiel unsere Pferde
reden **und dem alten Herrn Baron erzählen**
könnten, welche Touren wir **machen,** so
hätten unsere Cavalcaden auch **ein Ende!**
**Der alte Herr Baron glaubt, sein Herr
Sohn** reitet **alle Tag'** auf die **Jagd,** — na
ja, im **Grund ist's auch wahr,** nur jagen
wir nicht im Wald auf Hirschen, sondern
hier mitten in der Stadt **auf** zarte Täub-
chen. Statt unter Baumstämmen — jagen
wir unter Stammbäumen, denn unser Re-
vier sind die Töchter Bourgeoisie. — O,
man glaubt gar nicht, wie herablassend der
junge Baron in dieser Beziehung **ist, wäh-**
rend **der Alte** vor **nichts** so **erschrickt,** als
vor dem Gedanken **an eine Mißheirat,** und
dennoch scheint **die neue Flamme des Jun-**
gen, die nämlich, **die** bei diesem niedern
Haus zum Fenster hinausschaut, ihn auf
solche Gedanken gebracht zu haben, und
warum? Bloß dadurch, daß sie tugendhaft
ist, bringt sie ihn auf solche Abwege. —
Da sieht man, was für ein Laster die Tugend ist! Aber sie ist vielleicht auch nur gar
so tugendhaft, weil sie noch nicht recht ver-
liebt in ihn ist; denn **die weibliche Tugend**

ist ein Pulverfaß, setzt sich der Amor mit
seiner Fackel darauf, so sprengt er's in die
Luft! Es handelt sich also nur darum, diese
Pechfackel recht anzuzünden, damit diese
Jubelluftsprengung recht vor sich geht —
die Sicherheit meiner eigenen Stellung
fordert das; ich muß den jungen Baron
zum Ziel bringen, ohne es dadurch beim
Alten zu verschütten. Es ist im Grund eine
ungeheure Inconsequenz von dem Alten!
Er kann mich nicht recht leiden, weil er
mich im Verdacht hat, daß ich seinem
Sohn bei seinen tollen Streichen behilflich
bin, und wenn ich den Jungen jetzt in seinen ehrlichen Absichten unterstütze, riskire
ich meinen Dienst! — Ja, dienen müssen,
ist immer traurig — einen Herrn haben
ist schlimm, aber was ist noch schlimmer,
als ein Herr? Zwei Herren, so wie ich sie
habe! Da steht man gleichsam **auf einem**
Seil, und **muß immer die Balancierstan-**
gen **der Schlauheit** bald so und bald so
halten, damit man nit einmal **rechts,** einmal **links das** Uebergewicht kriegt und aus
seiner Stellung hinabpurzelt! Darum will
ich selbstständig **werden** und laß **mich** nur
so lang zu Spitzbübereien verwenden, bis
ich von den dafür erhaltenen Douceuren
so viel zusammengespart habe, als nöthig
ist, um **davon leben** zu können. Ich bin
also jetzt **nur schlecht,** um einmal aufhören
zu können, **schlecht zu** sein. (Nachdenkend.)
Freilich, **wenn ich in** meinem Kopf all' die
kleinen Schlechtigkeiten, die ich oft um ein
paar lumpige Gulden begehe, zusammen-
rechne, so kommt eine Totalsumme heraus,
die nach ihrem specifischen Gewicht gerade
gleich wäre einem großen schlechten Streich,
der mir vielleicht auf einmal so viel traget,
daß ich mein eigener Herr sein könnte,
und — wenn sich eine Gelegenheit fände —
meiner Seel' — ich weiß nicht, ob ich **nach**
dieser theoretischen Algebra ein practisches
Experiment machet! Aber vor der Hand
fort mit dem Gedanken. Mein junger Herr
hat mich als Avantgarde vorausgeschickt,
um das Terrain zu recognosciren — (Sich

im Gewölbe umsehend, verwundert.) Da hier ist Niemand, gar Niemand — sehr curios. Daß man Handelsgewölber findet, wo tage-lang keine Kundschaft d'rin ist, das ist bei der jetzigen Zeit kein überraschendes Phä-nomen, **aber in** andern Gewölben steht wenigstens ein halbes Dutzend Commis an der Budel, die, **wenn's** nichts anders verkaufen können, doch wenigstens Maul-affen feil haben, aber dahier nicht einmal ein Commis!?

Fünfte Scene.

Jonas. **Minna (kommt über die** Treppe **herab).**

Jon. (horchend). Es kommt wer! (Sieht. erfreut.) Aber das ist nichts Commißartiges, das ist die feinste Waar', der von uns am meisten gesuchte Artikel! (Geht ihr entgegen.)

Minna (ihn erblickend, fast erschreckt). Sie — Sie sind da?

Jon. Sie erschrecken, da Sie (auf sich selbst weisend) den Trabanten entdecken? Sagt Ihnen denn nicht eine astronomische Ahnung, daß der Trabant sich nur in der Nähe eines Planeten bewegt, und daß dieser Planet auch sich eben seiner Sonne (auf Minna) nähert.

Minna. Wie — Ihr Herr, der junge **Baron —**

Jon. O, gebrauchen Sie nicht diese Nobilitätstitulaturen, gerade Sie sind's **ja,** die ihn seines Adels entsetzt!

Minna. Wie soll ich denn das ver-stehen?

Jon. Na ja, er ist eigentlich Freiherr — Ihnen gegenüber ist er nicht mehr frei, denn er ist von Ihren Reizen gefangen, und ist nicht mehr Herr, denn er ist Ihr Sclave. Sie sehen also, daß Sie die Ur-sache sind, daß vom ganzen Freiherrn rein gar nichts mehr übrig geblieben ist.

Minna. Sie wollen sich jetzt mit mir einen Spaß erlauben.

Jon. Ich kann Ihnen den Ernst meiner Behauptung documentiren — ich habe —

(sich erst vorsichtig umsehend, dann einen Brief hervorziehend) was Schriftliches bei mir. Wenn Sie glauben, daß ich Ihnen einen blauen Dunst vormache, so nehmen Sie hier schwarz auf weiß, vom Baron selbst, mit durchausiger Eigenhändigkeit (**will** ihr den Brief in die Hand drücken).

Minna (zurückweichend). **Was?** Ein Brief? (Rasch.) Geben Sie ihn **zurück,** ich darf **ihn** nicht annehmen!

Jon. Sie haben Recht! Wozu schrift-liche Acten, da die günstigste Gelegenheit zum mündlichen Verfahren sich darbietet. Sie **sind** allein im Laden, da darf ich ihn nur durch einen Wink in den Laden laden! (Macht eine Bewegung gegen das Fenster.)

Minna (ängstlich ihn zurückhaltend). Nein, um **Gottes** willen — ich beschwöre Sie —

Jon. Aber ich bitte Sie, mein Herr hat hier Bestellungen zu machen — Sie wer-den doch nicht selbst Ihrem Vater die Kundschaften vertreiben. (Eilt zum Fenster und winkt hinaus.)

Minna. Er kommt daher, und ich, ich allein —

Sechste Scene.

Vorige. Conrad, Hans, dann Baron Eugen.

(Conrad und Hans, welche schon während der vorigen Scene an der Magazinsthür lauschend gesehen wurden, treten heraus.)

Conr. (leise zu Hans). Der Feind rückt an!

Hans (ebenfalls leise). Jetzt heißt's **sich** in Schlachtlinie aufstellen! (Beide treten rasch hinter die Budel.)

Minna (sie erblickend). Ah, Gott sei Dank!

Jon. (ist. ohne die Commis zu bemerken. vom Fenster weg an die Glasthür getreten).

Eug. (in elegantem Jagdcostüm tritt rasch ein).

Jon. (zu ihm). Gnädiger Herr, sie ist allein — die schönste Gelegenheit — packen Sie's beim Schopf. — (Zieht ihn rasch vor; beide bleiben aber. die Commis be-merkend, unangenehm überrascht stehen.)

Eug. (leise zu Jonas). Was sagtest Du?

Jon. Ich — ich habe geglaubt —

Eug. (leise, ihn parodirend). Die schönste Gelegenheit! Packen Sie's beim Schopf — und da —

Jon. Da — meiner Seel' — ich möchte statt der entschwundenen Gelegenheit, die — (auf die Commis weisend) beim Schopf fassen!

Minna (den Baron höflich grüßend). Herr Baron! Der Herr — (auf Jonas deutend) hat mir gesagt, daß Sie eine Bestellung machen wollen, da (auf die Commis weisend) sind unsere Leute!

Jon. (leise). Was? Sie sagt, unsere Leut'?

Eug (seine Verlegenheit bemeisternd). Ja — in der That — ich wollte — es war meine Absicht — (Leise zu Minna.) Sie sind grausam! — (Spricht leise mit ihr fort.)

Conr. (leise zu Hans). Der Feind fangt zu plänkeln an — ich muß ihn rasch aus der Position werfen! (Nimmt schnell eine Musterkarte und eilt damit zwischen Eugen und Minna.) Unterthänigster Diener, Herr Baron! Ausgezeichnete Ehre für uns, Sie bedienen zu können! — Womit kann ich aufwarten?

Hans (zu Jonas). Wenn ich vielleicht einstweilen Sie bedienen kann (die Elle schwingend,) mit wahnsinnigem Vergnügen!

Conr. (die Musterkarte aufschlagend und dem Baron hinhaltend). Hier sind Muster von all' unsern Tüchern — Casimirs — Peruviens — Wattmolls — Tüffel — von welcher Farbe der Herr Baron belieben.

Hans (zu Jonas). Vielleicht grün und blau?

Eug. (freundlich Conrad auf die Schulter klopfend). Schon gut, mein Lieber — besprechen Sie sich nur mit meinem Stallmeister, ich selbst verstehe zu wenig von den Waaren. — (Gibt Jonas einen Wink.)

Jon. (erwidert durch eine Geberde, daß er ihn verstehe, dann zu Conrad). Ja, ja, mein Lieber, wir werden das mit einander ausmachen, wir brauchen neue Livréen für das ganze Dienstpersonale! — Also kommen Sie mit mir — (faßt ihn bei der Hand und zieht ihn von Eugen weg.)

Eug. (rasch, leise zu Minna). Meine Angebetete! Nur ein Wort aus Ihrem Munde — bin ich Ihnen denn so ganz gleichgiltig?

Hans (hat indessen eine Rolle Tuch genommen und tritt nun zwischen Eugen und Minna). Herr Baron, schauen Sie das Tuch an! — (Rollt mit hochaufgehobenen Händen das Tuch so auf, daß Minna vor den Blicken des Barons ganz verdeckt ist.) Wie fest gearbeitet — nichts Fadenscheiniges nicht wahr? — Sie können gar nicht durchsehen?

Eug. (seinen Aerger verbergend). Ja, vortrefflich; schneiden Sie von der Sorte zwölf Ellen ab.

Jon. (der indeß mit Conrad an der Budel einige Tücher besehen hat). Nein — das ist Alles das nicht, was wir wünschen; wenn vielleicht die zwei Herren Commis mit mir in's Magazin gehen wollten —

Hans. Warum nit gar! Im Magazin ist's dunkel, aber dahier kann man erkennen, was solid ist.

Eug. O, ich bin überzeugt, daß in Herrn Glattner's Handlung Alles solid ist.

Hans. Ah na — mitunter (seinen Blick auf Jonas richtend) schleicht sich auch liederliches Tuch ein!

Conr. Oder etwas, was zu sein für unseren Bedarf ist. —

Hans. Aber wir kennen uns gleich aus, wenn auch unser Principal nicht da ist, so haben wir das Pouvoir, Alles, was nicht daher paßt, auszuschießen.

Conr. Besonders, wenn es der Ruhe unseres Hauses schaden könnte.

Eug. (von ihm wegtretend, leise zu Jonas). Ich befinde mich in der penibelsten Situation.

Jon. (zu Conrad und Hans). Aber was schwabelt Ihr dem gnädigen Herrn da ein Langs und Breit's vor — er hat Euch an mich gewiesen, also erfüllt Ihr seine Wünsche am besten, wenn Ihr ihn ganz außer Spiel laßt.

Hans (thut plötzlich, als ob er etwas aus der Luft fing). Sapperment!

Jon. Was ist's denn?

Hans. A Schab! — Was das für zubringliche Bestien sind! Wenn man noch so Acht gibt, sie setzen sich an, und sind nicht fortzubringen.

Jon. Na, da muß man halt fleißig ausklopfen —

Hans. Ja (holt ein Stäbchen), ich werde gleich anfangen. Schon wieder Einer! (Haut in die Luft.) und da — da auch! (Schlägt auf Jonas' Rockschooß.)

Jon. (springt zurück) Zum Teufel, was thut Er denn?

Hans. Die Schaben treib' ich aus; schauen Sie daß's hinauskommen, denn wenn ich einmal in's Ausklopfen hineinkomm, da ist's für Jeden gut, der sich aus dem Staub macht!

Conrad. Der Herr Principal!

Minna. Mein Vater!

Eug. (für sich). Das auch noch!

Siebente Scene.

Vorige. Glattner.

Glattn. (ein bejahrter Mann mit grauen Haaren und schlicht bürgerlichem Aussehen kommt in der übelsten Laune durch die Glasthür herein).

Minna (auf ihn zugehend). Guten Abend, Vater! (Sie küßt ihm die Hand.)

Glattn. Du — da herunten im Gewölb? — und (die Anwesenden bemerkend) Kundschaften. — (Tritt weiter vor, finsterer Miene.) Der Herr Baron da? —

Jon. Ja, der Herr Baron hatt sich selbst herabgelassen, zu Ihnen zu kommen.

Glattn. Danke — danke für die Ehre! Bedauere nur, daß ich nicht zu Hause war, um —

Hans. O, wir haben den Herrn Baron schon an Ihrer Stelle empfangen, wie sich's gehört hat. —

Glattn. Aber Du, (zu Minna) Du weißt, daß ich nicht will, daß Du im Gewölb biß, wenn ich nicht dabei bin.

Minna. Sie sind so lang ausgeblieben — da habe ich nachschauen wollen — und da —

Glattn. Schon gut — schon gut! (Zu Hans, indem er ihm den Hut gibt.) Meine Hauskappe. (Zu Eugen.) Sie verzeihen schon, Herr Baron, daß ich vor Ihnen meinen Kopf bedecke — aber ich habe mich warm und müde gelaufen, und leide an Rheuma — (Nimmt Hans die Kappe ab.)

Eug. (sehr höflich). Ich bitte, Sie werden sich doch in Ihrem Hause keinen Zwang anthun?

Glattn. (Setzt die Kappe auf.) Ich bitte sich nur auch zu bedecken. — Hans, gib dem Herrn Baron einen Stuhl, denn ich — ich muß mich auch setzen, meine alten Füße tragen mich kaum mehr. (Hans holt für Eugen, Conrad für Glattner einen Stuhl; zu Eugen auf den Stuhl weisend.) Ich bitte! (Nachdem er sich gesetzt, setzt er sich auch.) Also was gibt mir die Ehre?

Jon. (zwischen Beide tretend). Der Herr Baron, von der Vortrefflichkeit all' Ihrer Waaren überzeugt, und des festesten Glaubens, daß in Ihrer Handlung die größte Realität und Billigkeit, so wie nicht minder —

Glattn. Ich bitte Sie, nur keine Complimente.

Hans. Schimpfen's lieber.

Jon. (ihn erstaunt ansehend). Wie so?

Hans. Weil es immer heißt: Wer schimpft, der kauft.

Jon. Also um mich kurz zu fassen, wir wünschen mehrere Stücke vom feinsten Casimir — einige Ballen echten Manschester — für die Livrée der baronlichen Dienerschaft.

Glattn. Und das bestellt der junge Herr Baron?

Jon. Das kann Ihnen ja gleich sein, Wer etwas bestellt, wenn Sie nur Ihre Waaren absetzen.

Glattn. Um den bloßen Absatz meiner Waare ist mir's nicht zu thun.

Hans. Ja, abgesetzt ist sie bald, aber

puncto Zahlung iſt auch der Kaufmann angeſetzt.

Eug. (beleidigt zu Glattner). **Herr Glattner — ich erſuche Sie, Ihren Dienſtleuten derlei beleidigende Bemerkungen zu verbieten!** —

Glattn. (zu Hans). Du haſt eigentlich **nichts dareinzureden, aber** — (zu Eugen) **Unrecht hat er nicht! Die jungen Herren, die gern Aufwand machen, beſtellen** oft viel bei mir, und wenn man dann die Rechnung in's **Haus ſchickt, wollen die Alten** davon **nichts wiſſen; darum, Sie** entſchuldigen **ſchon die Frage, Herr Baron** — aber ſie iſt **nur die Folge des** Grundſatzes, den ich mir **heute für alle** Zeiten feſtgeſtellt habe, — **wird Das, was Sie von mir beziehen wollen, ſogleich baar bezahlt?**

Eug. Sogleich? Ich bin nicht gewohnt, größere Baarſchaft bei mir zu tragen — indeß glaube ich, daß der Name Hornſtein wohl genügende Bürgſchaft für einen ſolchen Betrag iſt. —

Glattn. Bürgſchaft — daß gezahlt wird, o ja, aber manche Herrſchaften haben die noble Gewohnheit, nur dann Zahlungen anzuweiſen, wenn ſie juſt bei Laune ſind, nicht wenn ſie der Geſchäftsmann gerade braucht.

Eug. Sie ſcheinen heute ſelbſt ſehr übler Laune **zu ſein?**

Hans (zu Glattner). Kommen am Ende Sie auch leer nach Haus?

Glattn. Ja, leider!

Eug. Nun, einige Tage Verzögerung machen doch nicht ſo viel, wenn übrigens das Geld ſicher iſt.

Glattn. (heftig). Nichts für ungut! — **Aber das** verſtehen Sie nicht! **Einem Ihres Gleichen** kann es wohl alleseins ſein, ob er Ihnen eine Schuld von ein paar hundert Ducaten heut oder erſt über acht Tage zahlt.

Eug. Mit der Ausnahme, **wenn es eine** Ehrenſchuld iſt.

Glattn. (immer heftiger). Der Kaufmann hat auch ſeine Ehrenſchuld, denn

ſeine Ehre beſteht eben darin, daß er ſeinen Verpflichtungen pünktlich und auf die Stund' nachkommt; — und in der Lage bin ich. Morgen iſt ein Wechſel von zwölftauſend Gulden fällig, — in meiner Caſſa habe ich das Geld nicht, aber da — (zieht ein Portefeuille vor) da ſchauen Sie her, eine ganze Liſte voll Namen, von lauter angeſehenen, reichen Leuten, von denen ich allen Geld einzucaſſiren hab', ſie ſind alle gut für die Zahlung, aber heut — heut habe ich nichts gekriegt, und ſo wäre mir am End' morgen der Wechſel proteſtirt, und mein ganzes Geſchäft untergraben worden — und das Alles bloß, weil's den Herrſchaften nicht gelegen war.

Con. Aber nicht wahr, Sie haben ſich doch geholfen?

Glattn. Gott ſei Dank! — aber nur durch die Freundſchaft eines Collegen. — Der Kaufmann Faßberg **hat ſeine eigene Caſſa faſt ausgeleert, um mir zu helfen.** (Zieht ſeine Brieftaſche hervor und ſteht auf.) **Da ſind die zwölftauſend Gulden.** (Zieht **eine Lade aus der** Budel, **und wirft die Brieftaſche hinein.) Ich** hab's zu leiden nehmen müſſen, nähren ich ſelbſt zu fordern habe — darum aus, für alle Mal aus, ich gebe nichts mehr auf Credit.

Eug. (beleidigt aufſtehend). Nun, wie es beliebt, Herr Glattner!

Glattn. (feſt). Ja — ſo beliebt es mir! — und dann, wenn Ihr Herr Vater von mir bedient ſein will, ſo brauchen Sie ſich nicht ſelber herzubemühen.

Eug. Das klingt ja faſt, als ob Ihnen mein Beſuch unangenehm wäre —

Glattn. (zu ihm allein ſprechend). Ich hoffe, Herr Baron Sie werden wohl verſtehen, was ich meine! Ihr ewiges Verbeireiten, juſt bei meinem Hauſe, iſt der Nachbarſchaft aufgefallen — hat ſchon zu Tratſchereien Anlaß gegeben, man hat mich ſelbſt erſt heute aufmerkſam gemacht; ich würde noch ganz anders reden, wenn ich nicht ſo feſt auf die Grundſätze meiner Tochter bauen könnte, aber — kurz und gut — das muß ein Ende haben!

Eug. Wer kann mir verbieten?

Glattn. Verbieten kann ich Ihnen **nichts**, aber lassen Sie es nicht so weit kommen, daß ich Ihren Herrn Vater bitten müßte, daß er auf Sie einwirkt; doch genug, ich darf, ich will über das nicht weiter reden, denn mir steigt gleich das Blut zu Kopfe, und dann — Also gute Nacht — gute Nacht! Es wird schon dunkel! Hans! sperre hernach das G'wölb gut zu. (Sich zu **Minna** wendend.) Komm', Minna! wir wollen zu unserem Nachtmahl, und dann geb' ich zeitlich zu Bette — es war heute ein heißer Tag — aber **die** Sorge für den **morgigen** ist gehoben — ich kann wenigstens ruhig schlafen! (Geht mit Minna gegen die Treppe zu.)

Minna (im Fortgehen bemitleidend zu Eugen) Gute Nacht! (Ab mit Glattner.)

Eug. (ihr nachsehend entrüstet). Impertinenter Krämer-Uebermuth! (Will rasch fort, bleibt aber bei Jonas stehen, leise zu diesem.) Nun, was sagst Du?

Jon. (der von dem Augenblicke an, als Glattner die Brieftasche in die Lade gelegt, keinen Blick von derselben abgewendet, nun wie aus Gedanken erwachend). Was? was?

Eug. (leise). Nun ist ja Alles verloren!

Jon. (hastig ihn an der Hand fassend, aber dabei immer nach der Lade sehend, sehr leise). Oder — Alles zu gewinnen.

Eug. (leise). Was sagst Du?

Hans. (hat indessen einen Kehrbesen genommen und tritt nun mit demselben zu Eugen barsch). Sie haben gehört, daß ich zusperren muß, und ehe ich zusperre, muß ich noch auskehren! (Fängt an so auszukehren, daß er mit dem Besen die Stiefel Jonas' berührt.) Es ist viel Mist im Gwölb!

Jon. Gehen wir, Herr Baron! (Leise.) Draußen werde ich Ihnen meine Ansicht mittheilen.

Eug. So komm'! (Geht mit Jonas ab.)

Jon. (im Abgehen mit affectirter Herablassung zu Conrad und Hans). Adieu, guten Leute! Adieu! (Ab.)

Hans (ihm nachrufend). B'hüt' Ihnen auch Gott! (Nachdem Jonas draußen.) Hol' Dich **der** Teufel! (Zu Conrad.) Ich brauch' jetzt **nicht** mehr auszukehren, das Gröbste **ist schon** draußen! Aber unser alter Herr **hat ihm's** schön g'sagt, **der kommt so** bald nicht wieder!

Con. Vor **den** Vater wird er sich nicht mehr wagen — aber seine Absichten auf die **Tochter** gibt er deßhalb wohl **noch** nicht auf, — **er** wird nur noch schlauer zu Werke gehen, darum müssen auch wir doppelte Schlauheit entgegenstellen.

Hans. Schlauheit? Mit dem Artikel **ist** mein Hirnkastel nicht besonders fournirt. — Grobheit so viel Sie wollen!

Con. Laß' nur mich denken —!

Hans. Gut — Sie denken, ich — (seinen Besen schwingend) bin der Mann der That! Mir sollen die trauen! — Aber jetzt — (den Besen wieder senkend) ist Waffenstillstand! — Jetzt werde ich schön langsam die Balken zumachen, die Gewölbthür zusperren, — dann in's Wirthshäusel auf eine Glasel Wein, und dann heiberln! — Man schläft gut mit einem ruhigen Gewissen, aber noch süßer schläft man, wenn man noch a Seitel Wein d'rauf schütt'! Kommen's! kommen's! (Beide ab.)

Verwandlung.

(Abgelegene Gasse, kurze Decoration, **in der Mitte** Glattner's Haus, mit einer Seite an einem anderen Hause angebaut, auf der anderen Seite bildet es eine Ecke, so daß **nur die** Hauptfronte auf die Gasse geht, während man noch eine Seitenfronte sieht, welche noch rückwärts zu **in** einen Garten geht, der von der Gasse durch eine mittelhohe Mauer getrennt ist. An dieser Seitenfronte sieht man im ersten Stockwerke einen Balcon, zu ebener Erde in der Façade das Gewölbe mit bereits geschlossenen Fensterläden und Thüren. Im Vordergrunde rechts vom Zuschauer ein Wirthshaus. Es ist bereits ganz dunkel, nur die Fenster der Schenke sind beleuchtet, und eine einzige Laterne brennt in der Gasse.)

Achte Scene.

Eugen. Jonas.
(Beide in Mäntel gehüllt.)

Eug. (kommt mit Jonas). Nein, nein, das ist zu viel gewagt! Ist es nicht genug, daß mir der Vater abhold ist, soll ich auch noch die Achtung des Mädchens auf das Spiel setzen?

Jon. Wissen Ew. Gnaden, wen die Mädel am meisten verachten?

Eug. Nun, wen?

Jon. Einen Tranmichnicht!

Eug. (beleidigt). Jonas!

Jon. Werden Ew. Gnaden nicht bös, aber ich kenne die Mädeln besser — grad, weil sie selber das schwache Geschlecht sind, so lieben sie vermöge des Naturgesetzes, daß sich entgegengesetzte Pole anziehen, an uns das Kühne, das Unternehmende, Waghalsige!

Eug. Ja, sie lieben die Kühnheit des Mannes, wenn es sich um Recht und Ehre handelt, doch nicht die Kühnheit, einen Schurkenstreich auszuführen.

Jon. Ja, wenn Ew. Gnaden das einen Schurkenstreich nennen —

Eug. Welchen Namen verdient es sonst, wenn ich deinem Rathe folgte, und nun, wie ein Dieb über diese Mauer (auf die Gartenmauer weisend) stiege, — den Balcon erkletterte, und dann in das Gemach eines ehrenhaften Mädchens eindränge?

Jon. Es gibt aber keinen andern Weg sich ihr zu nähern, allein ausgehen darf sie nicht, in's Haus kommen können Sie nicht, — also bleibt nichts Anderes übrig — und dann kommt es bei allen Handlungen darauf an, was für einen Vorsatz man dabei hat. — Ja, wenn Sie den Vorsatz hätten, das Mädel unglücklich zu machen, ihr die Seelenruhe und Ehre zu stehlen, oder andere Kleinigkeiten, na ja, dann wär's freilich schlecht, aber so ist ja Ihr Vorsatz der, nur einmal mit ihr ungestört reden zu können, mit ihr die Mittel und Wege zu besprechen;

wie Sie sie zur Frau Baronin machen können, da ist doch offenbar der Vorsatz gut, wenn die Angelegenheit vielleicht dann — durch Situationen — unvorhergesehene Zufälligkeiten — phantastische Momente und dergleichen eine andere Wendung nähme —

Eug. Schweige! Schweige! Nein, und wenn ich es auch wagte, — ich wollte nichts erreichen — nichts als die Gewißheit ob sie mich liebt —

Jon. (drängend). Na, ja, darum sage ich, nur einmal einsteigen — dann haben's gleich die Gewißheit.

Eug. (macht eine abwehrende Bewegung gegen ihn, bleibt aber sichtlich unentschlossen stehen).

Jon. Sie wollen nicht? — Na, ja, da soll man dann Generalstäbler sein, wenn man mit aller Aufopferung das Terrain recognoscirt, mit wahrem Feldherrn-Genie einen Plan ausarbeitet, — wo der Erfolg so sicher ist wie ein aufgelegter Neunziger, und wenn dann trotz all' dem die Truppen nicht die gehörige Courage haben anzugreifen —!

Eug. Glaubst Du, mir fehlt der Muth eine Gefahr zu bestehen, die nur mich bedroht? Aber der Ruf eines ehrlichen Mädchens —

Jon. Ihr Ruf kann nur dann leiden, wenn sie selber ruft, nämlich um Hilfe, und sobald sie Sie erblickt, ein Spectakel machen würde. Das thät sie aber nur in dem Fall, wenn sie ihr unangenehm wären — denn wahre Liebe thut das nicht!

Eug. Aber wenn jemand Anderer mein Unternehmen gewahrte?

Jon. Das ist gar nicht möglich! Betrachten Sie nur, Ew. Gnaden, die Situation des Hauses. — (Auf Glattner's Haus weisend.) Im Speisezimmer ist jetzt der Alte mit der Jungen beim Nachtmahl, wenn abgespeist ist, geht der Alte in sein Schlafzimmer, das geht dort gegen den Garten, wo der Balcon ist.

Eug. Aber die Dienstleute —?

Jon. Von denen schlaft Niemand im Hanse, als der alte Hans, der wird wohl heut' von seiner gewöhnlichen Tag- und Nachtordnung keine Ausnahme machen! (Geht zum Wirthshaus und sieht zum Fenster hinein.) Der sitzt da b'rin, bis ihm schon vom Schlaf fast die Augen zufallen — dann sperrt er sich das Gewölb — (auf den Gassenladen weisend) auf, geht hinein, und legt sich in das Kammerl neben dem Magazin schlafen! Es kann also kein Mensch was sehen oder hören! Aber sehen Sie — sehen Sie (weist auf die Fenster der Gewölbthür, welche beleuchtet erscheinen, bald darauf erscheint auch Licht in der Glasthür des Seitenflügels, welche auf den Balcon führt, und den Fenstern neben demselben).

Eug. Was ist's! (Wendet sich ebenfalls um.)

Jon. Der Alte ist schon in seinem Zimmer, und dort — (gegen den Balcon weisend) die Mamsell Minna auch.

Eug. Sie allein in ihrem Zimmer?

Jon. Und die Glasthür am Balcon nie versperrt, — oh jetzt die Taube zu belauschen — Herr Baron — stellen Sie sich sie nur lebendig vor, wenn sie allein in ihrem Kämmerlein ist — sehnsuchtsvoll die Blicke nach dem stillen Mond erhebt — Seufzer ihrem Busen entsteigen — vielleicht gar Ihr Name! und Sie — Sie stehen noch so unentschlossen da?

Eug. (feurig). Ja — ich will — ich muß sie sehen — sprechen —

Jon. Was denn sonst? Aber nur geschwind, ehe der alte Hauspudel (auf die Schenke weisend) aus dem Wirthshaus kommt.

Eug. Aber wie komm' ich am leichtesten über die Mauer?

Jon. Alles schon von mir untersucht — dahier ist keine Möglichkeit vorhanden, aber dort — (in die Scene weisend) nahe am Eck zu, ist ein Gitter, auf den Quersprossen kommen Sie leicht in die Höhe — dann an den Pfirsichstaketten hinunter in den Garten, beim Glashaus lehnt eine Leiter, nur geschwind — geschwind —! (Im Erdgeschosse verlöschen die Lichter, — hinauf weisend). Sehen Sie, der Alte hat schon das Licht ausgelöscht; das ist ein Beweis, daß er schon im Bette liegt! — Warten Sie nicht erst ab, bis auch sie die Lichter auslöscht, denn wenn sie Sie nicht sehen und gleich erkennen kann, so macht sie auf jeden Fall Lärm. —

Eug. Ich bin doch sonst nicht feige, aber jetzt — ich kann es nicht sagen, welche bange Ahnung meine Brust beklemmt.

Jon. Nur keinen Aberglauben! — wenn Sie nur einmal oben sind, wird sich die Angst schon verlieren. —

Eug. Ja — ich wage es! Komme was da kommen mag, ich will Gewißheit —! (Eilt ab.)

Jon. (ihm nachsehend). Er will Gewißheit, und ich will was Gewisses! Er glaubt, er macht den Gang für seine Liebe, und thut ihn unbewußt mir zu Liebe! — Ich habe oft genug herhalten müssen, um seine Wünsche zu erfüllen, heute soll er einmal herhalten, um mich zum Ziele zu bringen. Um den Preis, mein eigener Herr zu werden, gebe ich meinen Herrn Preis, denn so eine Gelegenheit finde ich so bald nicht wieder! Ha! jetzt ist er beim Gitterthor, jetzt nur geschwind! — (Zieht rasch eine Perrücke von anderer Farbe, als seine Haare, falschen Bart hervor und bekleidet sich damit.) So, ich bin kostümirt — so! — und jetzt Lärm gemacht, aber ganz still! (Eilt zum Wirthshaus, öffnet die Thüre und ruft mit gedämpfter Stimme hinein.) Ha — da sind noch Leute — heda — heraus — geschwind heraus!

Neunte Scene.

Jonas, Pilzmann, Riegler, Hartinger, einige Kellner, dann Hans.

Pilzm. (mit den Uebrigen herauskommend). Was gibt's denn?

Jon. Ist Jemand von Euch da in dem Haus (auf Glattner's Haus weisend) bekannt?

Pilzm. Wir nicht, aber da — (ruft zurück in die Thür) Monsieur Hans, geschwind!

Hans (kommt mit einem Anflug von Nebel heraus). Was is's denn, daß man mich gerad vom letzten Seitel abberuft?

Jon. (mit verstellter Stimme). Hört mich an! Gerad wie ich da vorbeigeh', sehe ich, wie dort fünfzig Schritt von mir — ein Mann über das Gitterthor in Euren Garten einsteigt.

Hans. Ha! Ich ahne Schreckliches! Der Mann ist gewiß der Bub, der uns alleweil unsere Pfirsiche schnipst!

Jon. O nein! der scheint was Aergeres im Sinn zu haben — ich glaube im Mondlicht Waffen bei ihm gesehen zu haben.

Alle. (entsetzt). Waffen?

Hans. Waff..! bin ich jetzt erschrocken! Ich glaub', wenn man mir jetzt zur Aderließe, man findet keinen Kreuzer Geld bei mir!

Pelzm. Um Gottes willen, was ist denn da anzufangen?

Hans. Zu Hilfe, Patr...

Jon. (hält ihm schnell den Mund zu). Was thut Ihr denn? Wenn er Euch schreien hört, entwischt er uns ja — wir müssen ihm entgegen — kann man denn nicht von da aus durch's Haus in den Garten?

Hans. Das wohl, durch's Gewölb, und dann durch's Magazin.

Jon. Da müssen wir hinein, wir Alle —

Alle. Ja, ja, das müssen wir!

Jon. Aber nur still — still!

Pelzm. Holen wir uns tüchtige Knüttel, Schürhaken und Laternen!

Jon. Sehr gut! Aber die Laternen dürfen wir erst d'rin im Garten anzünden, wenn wir so postirt haben, daß er uns nimmer anskommt.

Pelzm. Also nur geschwind, kommt mit mir! (Entfernt sich mit den Gästen und Kellnern wieder in das Wirthshaus.)

Jon. (zu Hans). Und Sie sperren einstweilen das Gewölb auf.

Hans. Ja, gleich! (Er geht schwerfällig gegen die Gewölbthür.) Meine Füße sind mir ganz schwer, der Schreck ist mir hineingefahren.

Jon. (für sich). Der Schreck in die Füß' und der Wein in den Kopf, das ist just recht, was ich brauch.

Hans. Wo habe ich denn den Schlüssel? (Zieht ihn aus der Tasche.) Ah da! den Schlüssel habe ich — aber — (befühlt die Thüre) das Schlüsselloch geht mir noch ab.

Jon. (auf das Schlüsselloch weisend). Da, da.

Hans. Richtig! (Sperrt die Thür auf.)

Pelzm. (und die Uebrigen kommen mit Knütteln, Schürhaken und Laternen, welche aber nicht angezündet sind, heraus). Da sind wir —

Hans. Ich habe keine Waffe, darf ich nur einen Bratspies bitten — (Nimmt einem der Kellner den Bratspieß ab.) So, jetzt hinein — aber macht im G'wölb kein Lärm; ich möchte meinen Herrn nicht erschrecken! Mir nach, wer Courage hat. (Alle durch das Gewölb in's Haus.)

Verwandlung.

(Minna's Zimmer in Glattner's Haus, seitwärts eine kleine Toilette, im Hintergrund eine offene Glasthüre, welche auf den Balcon führt, über dessen Geländer man die Bäume des Gartens emporragen sieht, der Mond beleuchtet den Garten; rechts und links Seitenthüren.)

Zehnte Scene.

Minna, dann Eugen.

Minna (kommt in einfachem Negligée, in der einen Hand einen Handleuchter mit brennender Kerze, in der andern ein Buch haltend aus der Seitenthür rechts und geht gegen die Toilette zu, auf welche sie das Buch legt.) Ich kann heute nicht lesen — ich bin so verwirrt, daß ich gar nicht weiß, was ich lese! Ich will schlafen gehen! (Wieder nachdenkend.) Ja, wenn das so wäre, daß man schlafen könnt, wenn man will. Es heißt zwar immer, nur mit einem bösen Gewissen kann man nicht schlafen. — Was habe ich denn so Unrechtes gethan? Habe ich mir nicht selbst schon lange vorgenommen, — gar nicht mehr an ihn zu denken; aber ach! Gewisse Gedanken sind wie die Bienen — je mehr man sie abwehren will, desto mehr verfolgen sie uns! (Sinkt auf den Stuhl an der Toilette, und preßt die Stirn in die aufgestemmten Hände.)

Eug. (erscheint noch in seinen Mantel gehüllt, am Geländer des Balcons, schwingt sich über dasselbe, bleibt einen Augenblick zögernd noch auf dem Balcon stehen, drückt Minna erblickend, die Hand an's Herz, und tritt endlich in das Zimmer).

Minna (durch das Geräusch aus ihren Gedanken aufgeschreckt). Was war das? (Erhebt sich rasch von ihrem Sitze, wendet sich um, dann vor Schreck beinahe starr.) Gott im Himmel!

Eng. (hastig, doch mit leiser Stimme). Erschrecken Sie nicht — ich — ich habe es gewagt. (Wirft seinen Mantel auf einen neben der Thür stehenden Stuhl und will näher.)

Minna (mit einer raschen und abwehrenden Bewegung). Keinen Schritt näher! (Am ganzen Körper bebend). Herr Baron? Sie — da — und um die Stunde? (Flehend.) Verlassen Sie mich! Ich beschwöre Sie!

Eng. Ja, ja — ich werde Ihnen gehorchen — nur wenige Worte will — muß ich mit Ihnen sprechen — (Zärtlich.) Minna, — mein Engel! — (Macht eine Bewegung vorwärts.)

Minna (zurücktretend). Ich will, ich darf Sie nicht anhören.

Eng. Sie fliehen vor mir? Vor mir, den nur die heißeste Liebe zu diesem Wagniß trieb?

Minna (hat sich indessen mehr gefaßt). Liebe? Was Sie gewagt haben, beweist mir nur, daß Sie mich verachten! (In Thränen ausbrechend.) Mit was habe ich das verdient?

Eng. O, weine nicht! Laß' mich zu deinen Füßen — (Will vor ihr auf die Knie sinken.)

Minna (es gewahrend. in strengem Ton). Fort! Jetzt will — jetzt befehle ich es!

Eng. (in flehendem Ton). So höre doch —

Minna. Jedes Wort, das Sie noch reden, jede Minute, die Sie noch dableiben, macht die Beleidigung, die Sie mir angethan haben, um so größer. (Ruhiger. aber determinirt.) Ich bitte Sie, verlassen Sie mich.

Eng. Ja, ja, ich gehorche — doch laffen Sie mich nicht mit dem Bewußtsein Ihres Zornes scheiden, nicht mehr von meiner Liebe will ich sprechen — doch — Minna! Nur ein Wort, daß Sie mir vergeben!

Minna. Benehmen Sie sich so, daß ich Ihnen verzeihen kann. (Milder.) Verlassen Sie mich jetzt.

Eng. (wendet sich rasch gegen den Balcon. In demselben Augenblick hört man von unten herauf wirre Stimmen und der Schimmer der Lichter strahlt herauf).

Eng. und Minna (Beide auf's Heftigste erschreckt und regungslos). Was ist das?

Eng. (Faßt sich, geht rasch, aber leisen Schrittes gegen die Mauer neben der Balcon- thüre, und sieht vom Vorhang gedeckt hinab, dann schnell zurückkommend.) Um des Himmels willen! Leute im Garten mit Lichtern — sie nähern sich dem Balcon, ich kann nicht hinab!

Minna. Gott! wenn mein Vater munter wird, wenn man Sie da findet?!

Eng. (rasch). Sagen Sie, was soll ich thun? Nichts fürchte ich für mich, doch Ihre Ehre —

Minna. Gehen Sie durch's Haus fort, (auf die andere Seitenthüre weisend) dort durch den Gang — dann über die Schneckenstiege, die führt in's Gewölbe.

Eng. Doch dieß ist verschlossen —

Minna. (wie vorhin). Der zweite Schlüssel ist hier oben, (auf die Toilette weisend) dort!

Eng. (tritt rasch hin, nimmt den Schlüssel). Nun, fort! fort! (Eilt schnell durch die Seitenthür ab.)

Minna (allein in höchster Besorgniß). Wenn er nur hinauskann, ohne daß man ihn bemerkt! — Aber was fange ich an? Mir zittern alle Glieder vor Schreck und Angst. (Sich ermannend.) Aber nur Fassung! Ruhe! — Ich — ich habe nichts gesehen — weiß von nichts! (Geht gegen den Balcon und sieht hinab.) Die Leute entfernen sich? — Wer ist's denn? Ah — beim Licht von der Laterne erkenne ich unsern alten Hans, er führt die Leute um die Ecke des Hauses! (In neuer Angst.) Mein Gott, sie werden doch nicht! (Man hört auf's Neue heftige Stimmen, doch nicht vom Garten, sondern vom untern Geschosse herauf; Minna erschrickt heftig.) Herr, mein Gott! die Stimmen (neigt ihr Ohr gegen den Boden des Zimmers) unten im Gewölbe und er, Allmächtiger! — Was fange ich an? Er kann noch nicht unten sein — ich muß ihn warnen — ich muß! (Eilt durch dieselbe Thür, durch welche sich Eugen entfernt hatte, ab.)

(Die Stimmen von unten tönen immer lauter und verworrener herauf, eine kurze, der Situation entsprechende Musik fällt ein und währt nur so lange, bis die Verwandlung vor sich gegangen ist.)

Verwandlung.

(Das Handlungsgewölbe wie zu Anfang des Actes, die Lade in der Budel steht offen heraus, durch die Thür, welche nach der Gasse führt, tritt der Commissär Brand mit Wachen und Conrad ein, gleichzeitig eilen aus der Magazinsthür: Hans, Pelzmann, Gäste, Kellner mit Laternen, Glattner im Schlafrock, ein brennendes Licht in der Hand, herbei.)

Eilfte Scene.

Brand mit Wachen. Conrad. Hans. Pelzmann. Gäste. Kellner. Glattner.

Glattn. (im Herauseilen). Um Gottes willen, was für ein Lärm in meinem Hause! (Scharf, und die Wachen erblickend.) Wachen? Was soll das? (Den Blick auf Hans richtend.) Und Du, Hans? Und die Leute alle? Was ist geschehen?

Hans. Erschrecken Sie nicht, wir haben den ganzen Garten durchsucht und haben gar Niemanden gefunden!

Glattn. Was heißt das? Und Sie, Herr Commissär, was führt Sie in mein Haus mit der Wache?

Conr. Ich habe sie geholt! Stellen Sie sich vor, ich war heute Abend bei meiner Tante, im Nachhausegehen komme ich durch unsere Gasse, da, wie ich in der Nähe vom Gewölbe bin, sehe ich eine dunkle Gestalt an der Mauer hinschleichen, ich gehe d'rauf los, will sie packen, aber es war ein starker Mann — er rannte mich zu Boden und lief davon. In demselben Augenblick kommt von der andern Seite die Patrouille, ich rufe sie zu Hilfe — wir finden die Gewölbthür offen —

Glattn. (ahnend und erschreckt). Die Gewölbthüre offen? Mein Himmel! (Eilt auf die Budel zu). Die Lade — aufgesprengt — (reißt sie noch mehr heraus, sieht hinein und taumelt zurück) Gott im Himmel! Meine Brieftasche — die zwölftausend Gulden — fort — geraubt!

Alle. Geraubt?

Glattn. Wie war's möglich, hereinzukommen? Hans! Hast Du denn nicht zugesperrt?

Hans. Freilich! Aber er muß durch die Magazinsthür?

Pelzm. Nein, nein, Herr Hans, das is ja nicht möglich, die Magazinsthür haben wir ja gesperrt gefunden; Sie haben sie ja selbst erst aufmachen müssen.

Hans. Aber hat uns der fremde Herr nicht den Kerl gezeigt, der über's Gitter gestiegen ist?

Pelzm. (sich jetzt unter den Anwesenden umsehend). Ja, wo ist denn der Fremde jetzt?

Hans (sieht sich ebenfalls um, ganz verblüfft). Ja, wo is denn der hingekommen?

Pelzm. Er ist mit uns herein!

Hans. Und jetzt hat er sich verloren —

Brand (vortretend). Das Gaunerstück ist also offenbar von Mehreren vollbracht! Es ist am Ende noch einer von ihnen im Haus!

Wache. Im Garten neben der Mauer an dem Balcon lehnt eine Leiter —

Glattn. Gott! Meine Tochter! Wenn am Ende ihr — hinauf! hinauf!

Brand. Nehmen Sie Wachen mit!

Glattn. (eilt, von einigen Wachen gefolgt, die Treppe hinauf).

Hans (für sich). Wenn der Fremde der Spitzbube war — und ich — ich hätte ihn selbst hereingeführt! — Nein — es ist ja nicht möglich!

Glattner's und der Wachen (Stimmen von der Treppe her). Wir haben ihn!

Hans. (aufathmend). Gott sei Dank!

Zwölfte Scene.

Vorige. Glattner, Eugen, Wachen, dann Minna.

Glattn. (kommt, Eugen an der Brust nach sich ziehend, die Treppe herab. Die Wachen folgen).

Eug. (hält den Kopf so gegen die Erde gesenkt, daß man anfangs sein Gesicht nicht sehen kann).

Hans (zu den Uebrigen). Schlagt ihn nieder.

Brand. Halt! Ruhig Alle! (Tritt zu Eugen.) Wer seid Ihr?

Minna (erscheint todtenbleich in angstvoller Spannung auf der Treppe und hält sich halb ohnmächtig am Geländer fest).

Brand (zu Eugen). Was macht Ihr so spät im Hause — gebt Antwort — den Kopf in die Höhe — (Richtet gewaltsam Eugens Kopf in die Höhe.)

Hans. Ich muß mir ihn anschauen! (Geht mit einer Laterne näher.)

Glattn., Brand, Conr. und Hans (das Gesicht Eugens erblickend, erstaunt zurückfahrend). Herr Baron!

Glattn. (fast schreiend). Sie — Sie waren im Zimmer meiner Tochter?

Eug. (für sich). Es gilt Minna's Ehre, ehe ich diese preisgebe, opfere ich mich selbst!

Glattn. (faßt Eugen krampfhaft an der Hand, zerrt ihn in den Vordergrund, mit vor Wuth erstickter Stimme). Reden Sie — Sie waren oben?

Eug. (mit fester Stimme). Nein!

Brand (ebenfalls vortretend). Herr Baron! Bedenken Sie Ihre Aussagen; hier wurde ein Diebstahl begangen, man findet Sie auf der Treppe, wie kommen Sie dahin?

Eug. Ich war hier — im Gewölbe — beim Herannahen der Leute flüchtete ich mich auf die Treppe, um mich dort zu verbergen!

Glattn. (aufathmend). Wirklich — also nicht bei meiner Tochter? Für diese Aussage verschmerze ich Alles — Herr Commissär, was auch geschehen ist, ich will kein weiteres Aufsehen, ich richte keine Klage, ich

werde schon auf anderem Weg zu meinem Eigenthume kommen — also lassen Sie die Sache fallen!

Brand. Dieß liegt nicht mehr in meiner Macht! Ich bin als Gerichtsperson von dem Verbrechen in Kenntniß gesetzt, meine Pflicht ist es, im Namen des beleidigten Gesetzes den Thäter zu erforschen. Herr Baron! Sie sind der Sohn eines hochgeachteten Hauses — und wenn von Ihnen auch mancher leichtsinnige Jugendstreich bekannt ist, so sträubt sich doch mein Gefühl, Ihnen ein so gemeines Verbrechen zuzumuthen. Aber Sie wurden hier — zu nächtlicher Stunde — nahe bei dem Orte der That gefunden — geben Sie keinen anderen Grund Ihres Hierseins an?

Eug. Keinen!

Brand. Dann bin ich gezwungen, Sie zu ersuchen, mir zu folgen!

Eug. Ich bin dazu bereit, gehen wir! (Wendet sich gegen die Wache.)

Minna (stürzt in diesem Augenblick fast athemlos in den Vordergrund). Nein, nein, er spricht nicht die Wahrheit!

Glattn. Du hier?

Eug. (leise zu Minna). Schweigen Sie!

Minna. Nein, — das Opfer, das Sie für mich, für meinen guten Ruf bringen wollen, ist zu groß! Herr Commissär, hören Sie mich an! Er war nicht hier im Gewölbe — er war in meinem Zimmer! Schicken Sie hinauf, sein Mantel liegt noch oben!

Glattn. (stößt einen unarticulirten Schrei aus und stürzt ohnmächtig zurück. Conrad und einige der Anwesenden halten ihn in ihren Armen auf).

Minna (stürzt zu Glatiner's Füßen). Vater! Hören Sie mich an.

Glattn. (schlägt die Augen wieder auf, sieht Minna mit wilden Blicken an und stößt sie von sich). Fort! — Weg von mir! — (Fast weinend beide Hände vor die Augen drückend.) Meine Tochter! — Nein, nein! (Sich ermannend, heftig.) Ich habe keine Tochter! (Rafft sich auf und tritt zu Brand.) Herr Commissär, das, was das Mädl

2

gesagt hat, muß wohl wahr sein, denn um einen fremden Menschen vom Verdacht zu befreien, wälzt man nicht auf sich die größte Last — die Ehrlosigkeit.

Wache (kommt mit dem Mantel zurück). Der Mantel lag oben im Zimmer.

Glattn. (wild aufflachend). Na, da sehen Sie's ja! Hahaha! Was wollen Sie noch mehr? Der Herr Baron ist unschuldig, ganz unschuldig, er hat hier nichts gethan, als ein Vaterherz zerrissen, und dafür gibt es — ja kein Gesetz! Lassen Sie ihn fort oder ich richte ihn nach dem Gesetz! (Mit der geballten Faust auf die Brust schlagend, macht eine Bewegung gegen Eugen.)

Brand (zu Eugen). Entfernen Sie sich! (Tritt rasch zwischen Eugen und Glattner.) Herr Glattner, fassen Sie sich!

Glattn. (nur mühsam athmend). Ja — Sie haben Recht — ich muß mich fassen, was ist denn auch geschehen? — Ich bin von einem Gauner bestohlen um das Geld, das meine letzte Hilfe war — ich bin morgen zahlungsunfähig, vielleicht werde ich Bankrott machen müssen, werde — ein Bettler — aber was liegt an all' dem jetzt mehr daran — ich bin ja von jetzt an — allein — eine Tochter habe ich gehabt, die Dirne (auf Minna weisend) hat keinen Anspruch, etwas von mir zu begehren, und sollte sie sich doch noch meine Tochter nennen, dann, (wild aufflammend) dann hat ja der ärmste Vater noch etwas, was er so einer Tochter geben kann, und womit sie für ihr ganzes Leben gedeckt ist — (fürchterlich ernst seine geballte Faust erhebend) seinen väterlichen Fl... — (Sinkt erschöpft zurück.)

Minna (aufschreiend). Vater! (Stürzt bewußtlos zu seinen Füßen.)

(Der Vorhang fällt.)

Ende des ersten Actes.

Zweiter Act.

(Hofraum eines Hauses in einer entlegenen Vorstadt. Im Hintergrunde ein ebenerdiges, dem Verfalle nahes Haus. Seitwärts links ein Stallgebäude, hinter demselben ein Ziehbrunnen mit Bank, rechts die Rückseite eines ärmlichen Wirthshauses, vor demselben ein Baum, unter welchem ein Tisch und Stühle stehen.)

Erste Scene.

Hans. Conrad.

Hans (steht, eine Zipfelmütze auf dem Kopfe, mit aufgestreckten Hemdärmeln an einem gefüllten Troge beim Brunnen, mit dem Waschen von Linnenstücken beschäftigt).

Conr. (auf der andern Seite bei einem Kleiderstocke, einige Kleidungsstücke ausbürstend und dabei singend).

Eulenspiegel ist ein Mann,
Ging der Weg recht steil hinan,
Zog er lachend weiter,
Dachte, wenn's jetzt mühsam geht,
Bald der Weg sich abwärts dreht,
D'rum war er so heiter —
Ist recht steil der Hügel,
Lach' ich wie Eulenspiegel!

Hans (trübselig). Ich begreife Sie nicht, Musje Conrad! Wie Sie in unserer Lage noch so singen können, mir fallen alleweil so viel Thränen in meinen Waschtrog, daß das klare Brunnenwasser schon als Lauge zu gebrauchen ist.

Conr. Pfui! Weinen! — Bist Du ein Mann?

Hans. Das weiß ich bald selbst nicht mehr, seitdem unsern Principal das Unglück so heimgesucht hat, bin ich seine Köchin, seine Wäscherin, sein Stubenmädl, bei der Beschäftigung verlernt man das „Mann sein" ganz.

Conr. Du bist als treuer Diener die letzte Stütze deines armen Herrn! Richtet Dich denn der Gedanke nicht auf?

Hans. Ja, manchmal; aber ich schnappe immer wieder zusammen! (Traurig den Kopf schüttelnd.) Was zu arg ist, ist zu arg!

Unser Principal bankrott — die Handlung zugesperrt, die Tochter aus'm Haus gejagt, und wir da herausgeflüchtet in die entlegenste Vorstadt — in ein Haus — (auf das Haus im Hintergrund weisend) das beinahe gar kein Haus ist.

Conr. Ich verkenne die Größe des Unglücks nicht, aber ein guter altdeutscher Spruch sagt:

»Duck' Dich und laß's vorübergahn —
Das Wetter will sein' Willen ha'n.«
Sieh' mich an! Seit es uns so schlecht geht, bin ich noch einmal so rührig als sonst, es hat sich ein gewisser Unternehmungsgeist entfaltet. —

Hans. Das ist schon wahr! Während ich die inneren Angelegenheiten des Hauses besorge, haben Sie das Portefeuille des exterieurs!

Conr. Ich schau halt Geld zu verdienen, verrichte Gänge und Commissionen für Andere, suche nebenbei die härtesten Gläubiger unseres Principals zu beschwichtigen und — habe gewisse Erkundigungen eingezogen.

Hans (wird aufmerksam). Erkundigungen? — Ueber wen? — Am Ende über das Fräulein Minna? Seit der fürchterlichen Nacht, wo sie der Alte aus dem Hause hinausgejagt hat, wissen wir ja nicht, wo sie ist. (Immer dringender.) Ist's das? (Conrad nickt bejahend.) Und haben Sie's herausgebracht? O sagen Sie mir's, ich bitt' Sie!

Conr. Ja, guter Alter, ich will Dir's sagen. Noch in jener Nacht flüchtete sich Minna zu der Vorsteherin eines Mädchen-Pensionats, welche sie auf ihre dringenden Bitten in den Dienst nahm.

Hans (die Hände zusammenschlagend). Im Dienst? Die Tochter unseres Principals —?

Conr. Ja, sie arbeitet wie es der Tochter eines verarmten Mannes ziemt, für ihren Vater! — Manches von dem Gelde, das ich Dir für unsere Wirthschaft gab, ist von ihr.

Hans. Aber warum haben Sie sie denn noch nicht dahergebracht?

Conr. Unser Herr ist von seiner schweren Krankheit noch nicht so weit hergestellt, als daß man es wagen dürfte, eine so heftige Gemüthsbewegung in ihm hervorzurufen. Aber (vertraulich zu Hans) ich habe ihr versprochen, sie heute noch, wenn der Alte schläft, hieherzuführen, damit sie ihren Vater wenigstens sehen kann!

Hans (freudig). Heute noch? Juchhe! (Faßt Conrads Hand.) O ich möchte Ihnen die Hand küssen für die Nachricht! Unser Minnerl lebt — sie ist gesund! — Jetzt will ich auch nicht mehr raunzen — lustig an die Arbeit! Ich habe Courage, ich habe Kraft, ich könnte jetzt das Haus zusammenreißen! Jetzt geschwind aufhängen!

Conr. (erschreckt). Was?

Hans. Na, nicht mich — die Wäsche! (Faßt rasch den großen Waschkorb und hebt ihn auf die Schulter.) Sie ist mir jetzt gar nicht schwer — und jetzt gebe ich auch nicht die Hoffnung auf, daß wir alle noch aus unserer Wäsch' herauskommen! Ich weine nimmer! — Ich klage nimmer! — Mein ganzes Herz ist jetzt voll Juchhe und Juheißaßa! (Eilt ab.)

Conr. (allein). Da habe ich schon wieder eine halbe Stunde verplaudert — (zieht den eben ausgebürsteten Rock an.) Komm' her, einziger Bonjour, der mir noch aus unseren bon jours übrig blieben is, meine anderen Röcke sind bereits alle in's Hebräische übersetzt. Was liegt daran! Alte Kleider werden oft zum Futter verwendet; die meinigen sind auch für's Futter daraufgegangen! — Nun will ich noch schauen, ob der Herr schon aufgestanden ist und ob ich ihn nicht ein wenig heraus in's Freie führen kann, und dann wieder an die Geschäfte. (Ab in das Haus.)

Zweite Scene.

Eugen, dann Jonas.

Eug. (kommt seitwärts im Vordergrund herein, einen Zettel in der Hand). Dieß ist

2*

das Haus! Monate lang habe ich geforscht, bis ich die Spur fand. Also hier — (traurig) hier soll sich der Alte aufhalten! Und sie, wird sie wieder bei ihm sein? — Wenn nur zufällig Jemand herauskäme, den ich fragen könnte. (Er sieht sich um.)

Jon. (im Oberrocke, **hohen** Reitstiefeln mit Sporen, eine **Peitsche unter dem** Arm tragend, kommt **aus dem Stallgebäude**).

Eug. (**betrachtet ihn genauer, dann** finster blickend). **Was seh' ich!**

Jon. **Ah, der Herr Baron!** (Nachlässig.) Servus!

Eug. Du hier, Jonas?

Jon. Per „Du" und simpler per „Jonas" — Wenn sich der Herr Baron gefälligst erinnern möchten, daß ich nicht mehr Ihr Dienstbote, sondern selbstständiger Herr bin, so würde es Ihnen vielleicht belieben, per „Sie" oder per „Herr von Preß" mich anzureden.

Eug. So? Seit wann ist man denn geadelt?

Jon. Wir leben in Wien und die Wiener sind Menschen, die sich selber adeln — einer sagt zum andern: „Herr von!" — Aber haben **Sie** vielleicht mich **aufgesucht?**

Eug. **Euch? Wohnt Ihr hier?**

Jon. Ich nicht, **aber ich habe** gerade heute dahier (auf den Stall weisend) meine **neu**-acquirirten Mitarbeiter einquartirt.

Eug. Eure Mitarbeiter?

Jon. Ja, Vierfüßige — seitdem ich nämlich den Dienst in Ihrem Haus quittirt habe, habe ich eine Reitschule in Verbindung mit Roßhandel etablirt, also sind die Pferde, die mir das Geld verdienen, meine Mitarbeiter und ich bin ihr Chef!

Eug. Hm, um so ein Geschäft zu unternehmen, braucht man doch Geld!

Jon. Das ist natürlich; glauben Sie, die Pferde kommen umsonst her, nur um **was zu lernen, wie** die Balletmädel?

Eug. **Also muß** der Dienst in unserem Hause sich doch rentirt haben?

Jon. Ja, dort hätte ich's g'fangt! Allen Respect vor Ihrem Haus, aber bei einem Haushofmeister, der einem Bereiter die Haferkörndl vorzählt, da hätte ich's mit der größten Sparsamkeit kaum so weit gebracht, daß ich ein hinter's Viertel von einem ausgedienten Comfortablepferd hätt' käuflich an mich bringen können.

Eug. Wie habt Ihr Euch nun die nöthigen Mittel geschafft?

Jon. (unwillig). Ich weiß nicht, wozu die Leut' alle so neugierig sind?! — Bin ich wem Rechenschaft über meine Erwerbsquellen schuldig? (Sich abwendend und vor sich hinbrummend.) Ueberall das zuwidere Ausschnofeln! (Sich wieder zu Eugen wendend.) Wissen's denn von nichts Anderem zu reden?

Eug. Ja, von etwas Anderem! Seid Ihr im Hause hier bekannt?

Jon. Mit Niemanden als mit dem Wirth, dem die Reischen gehört und von dem ich den Stall gemiethet habe.

Eug. Also wißt Ihr nicht, **wer** hier wohnen soll?

Jon. So viel ich **höre,** meistens lauter Bettelvolk, **das** den Zins groschenweise zahlt. **Wie** sich mein Geschäft ein wenig gehoben hat, schau **ich** mich auch um einen Marstall um, damit meine Roß eine honettere Nachbarschaft bekommen.

Eug. So hört denn, ich habe erfahren, daß hier — Herr Glattner wohnen soll?

Jon. (schrickt etwas zusammen). Der Glattner?

Eug. Derselbe Glattner, an dem ich — durch Euch verführt, aber -- (ihn fixirend) was ist Euch? Ihr entfärbt Euch ja!

Jon. Ich? (Sich fassend.) Hm! Weil ich noch nichts gefrühstückt hab' und auf nüchternem Magen thun mir solche Vorwürfe nicht gut. (Indem er zu dem Tische vor dem Wirthshause geht.) Wenn ich nüchtern daran denk', gibt's mir alleweil so einen Ruck, aber wie ich eine Halbe im Leib' hab', kommt mir die ganze Geschichte gleich in einem andern Licht vor! (Laut rufend.) Heda! Ein Seitel Vierer! (Setzt sich dann zu Eugen.) Ist's nicht vielleicht auch gefällig?

Eug. Ich — hier? (Für sich.) Doch, vielleicht kann ich von den Wirthsleuten etwas erfahren! (Setzt sich an die andere Seite des Tisches.)

Dritte Scene.
Vorige. Poldl.

Poldl (kommt mit dem Wein). Da ist der Wein — (zu Eugen) wünschen Euer Gnaden auch was?

Eug. Ist der Wirth nicht zu Hause?

Poldl. Mein Vater? — Der is im Keller!

Jon. (hat das Glas Wein auf einen Zug geleert). Er muß die Megalliancen schließen, Wasser mit Wein vermälen!

Eug. (zu Poldl). Ich werde warten, bis er heraufkommt! — Bringe mir indeß auch ein Glas Wein!

Jon. (dem Jungen sein leeres Glas gebend). Noch einmal einfüllen.

Poldl (ab).

Jon. (zu Eugen). Was wollen Sie denn vom Wirth?

Eug. Ich will Erkundigungen einziehen über den armen Glattner.

Jon. Alleweil von dem?!

Poldl (kommt wieder mit zwei Gläsern).

Jon. (nimmt schnell sein Glas und thut wieder einen tüchtigen Zug). Sie sagen, der arme Glattner? Es wird nicht so arg sein!

Eug. Wie? Habt Ihr nicht gehört, daß er in Folge jenes Diebstahles bankrott wurde?

Jon. Na ja, das war halt g'rade eine gute Gelegenheit, damit's ausschaut, als ob es ein unverschuldeter Bankrott wäre, und jetzt stellt er sich arm, aber der alte Fuchs wird schon sein Schäfchen im Trocknen haben. (Trinkt immer.) Hahaha!

Eug. Schweigt! Wollt Ihr dem Manne noch das Letzte, seine Ehre rauben?

Jon. (auffahrend). Rauben? — Ich?— Was haben Sie da gesagt?

Eug. Ihr sollt ihn nicht verdächtigen!

Jon. Ah so! — Na, war nur meine Privatansicht! — Uebrigens ist der Mann ja nicht gar so übel b'ran! Hat ja noch eine saubere Tochter!

Eug. Die er damals verstoßen hat —

Jon. O mein Gott, er wird's schon wieder aufgenommen haben! Und wenn Ihnen jetzt noch an ihr gelegen ist, so brauchen Sie jetzt keine halsbrecherische Einsteigung über einen Balcon zu riskiren — der Alte wird Ihnen die Thür selber aufmachen und froh sein, daß seine Tochter so einen Freund in der Noth findet.

Eug. (entrüstet). Ihr seid ein Elender!

Jon. So heißen Sie mich, weil Sie noch die romantische Idealitätsbrillen vor den Augen haben, aber ich kenne die Welt besser; glauben Sie mir — so ein Vater spielt nur bei Entdeckung des ersten Liebhabers die tragische Galotti-Rolle — beim Zweiten, Dritten, Vierten spielt er den gemütlichen Alten, der zufrieden ist, wenn man ihm ein Packel Knaster bringt und Wein holen läßt; da sitzt er dann bei seinem Gläserl und mit dem Pfeiferl im Maul — und hat seine Freude, wenn sich die Kinder so gut unterhalten.

Vierte Scene.
Vorige. Glattner. Conrad.

(Glattner tritt von Conrad geführt aus dem Hause, ohne daß ihn die im Vordergrund Sitzenden bemerken.)

Eug. (zu Jonas). Wenn Ihr Recht hättet, wenn alle weibliche Tugend nur eine andere Art von Coquetterie wäre —

Jon. So ist's auch! Tugend und Unschuld! Nichts als schön hergerichtete Waaren im Auslagkastel, um die Käufer anzulocken.

Eug. Wenn auch der Zorn des beleidigten Vaters nur Komödie gewesen wäre?

Jon. Freilich! Eine Komödie, die er hat aufführen müssen, weil schon einmal das Publicum da war.

Eug. Wenn Alles wirklich so wäre, dann hätte ich wahrlich nicht Ursache,

22

meinen leichtſinnigen Streich ſo bitter zu bereuen.

Jon. Bah bereuen! Leichtſinnige Streiche ſind die Blüthen am Baume der Jugend! Man ſoll im reiferen Alter nichts bereuen, als die leichtſinnigen Streiche, die man nicht begangen hat. Sie werden **die** Richtigkeit meiner Anſichten **ſchon ſelbſt** einſehen, wenn Sie ſich mit **dem Alten ſo** unter vier Augen werden abgefunden haben.

Eug. Ich bin noch um die Art verlegen, **wie** ich ihm entgegentreten ſoll.

Jon. **Sie** fürchten die Blitze ſeines Zornes? Aber vergeſſen Sie doch nicht auf die Franklin'ſche Erfindung, Blitze unſchädlich zu machen, indem man ihnen vergoldete Spitzen entgegenhält. — Halten Sie ſeinem Zorn auch Gold entgegen, da werden Sie gleich ſehen, wie charmant und freundlich der griesgrämige Krämer ſein wird! Hahaha!

Eug. Ha — wenn's mit Gold abgethan iſt, damit habe ich mich verſehen! (Zieht eine Börſe hervor und läßt die Münzen klirren.)

Glattn. (deſſen Antlitz von Krankheit und **Kummer** leichenblaß, und deſſen Haare nun **vollkommen weiß ſind,** hat während des Vor**gehens die** Beiden bemerkt, ſich von dem Arm **Conrads,** der ihn in's Haus zurückführen wollte, **losgemacht, und iſt** langſam ſo vorwärts ge**ſchritten, daß er** nun dicht hinter dem Tiſche **ſteht; er** lehnt ſich nun **mit** beiden Armen auf **Tiſch,** beugt das Haupt **vorwärts, und blickt Beide mit** ſtarren **Augen an).**

Jon. und Eug. (fahren wie von einem Geſpenſte erſchreckt, **von** ihren Sitzen auf und bleiben regungslos ſtehen. Pauſe).

Glattn. Na, warum lacht Ihr denn nicht fort? Da iſt er ja, der Komödiant! Aber (zu Eugen) ſehen Sie mich genauer an, ob mein Geſicht ſo blaß geſchminkt iſt?

Eugen (mit bebender Stimme). Herr Glattner!

Glattn. Sie wollen mir Gold bieten? Wozu? Sie haben ja mein Haupt (auf ſeine weißen Haare deutend) ſchon mit Silber bedeckt! O, es muß ein vollwichtiges, ſchweres Silber ſein, denn es drückt meinen

Kopf und beugt meinen Nacken zur Erde nieder! — Aber ich werde es nicht lange mehr tragen — nur noch wenige Schritte bis zu der großen Bank, (gegen Himmel weiſend) wo es genau gewogen, und Ihnen der volle **Werth** dafür ſammt den Intereſſen wird bezahlt werden! Sie haben ein ſicheres Geſchäft gemacht, es **iſt** abgeſchloſſen, und läßt ſich nie mehr rückgängig machen, wir haben alſo nichts mehr weiter mit einander zu beſprechen! Leben Sie wohl! (Wankt wieder ſeinem Hauſe zu, und geht wieder in daſſelbe ab.)

Eug. Alter Mann — hören Sie mich! (Will ihm nach.)

Con. Bleiben Sie! Sie haben ja hier Ihre Geſellſchaft!

Jon. Der Teufel hat mich geritten, da ich meine Pferde gerad' in dem Haus einlogirt hab'! — Wenn ich dem Alten alle Tag gleich in der Früh begegne, hab' ich den ganzen Tag kein Glück! Ich kündige wieder auf, und wenn ich kein anderes Quartier für meine **Pferd' krieg'** — ſo laß ich ſie lieber bloß auf's Bett geben! (Ab in's Wirthshaus.)

Fünfte Scene.

Eugen. Conrad.

Con. Nun? Warum verweilen Sie noch hier? Sie haben geſehen, wie die Frucht Ihrer Ausſaat ſteht!

Eug. Conrad! Sie wiſſen nicht, was mich hierherführte.

Con. Hm! Sie haben Herrn Glattner's Aufenthalt erforſcht, weil Sie glaubt haben, die Minna iſt bei ihm, aber Sie haben ſich umſonſt bemüht — ſie iſt nicht hier —

Eug. Sie irren, wenn Sie glauben, nur mein Herz habe mich hergezogen, mich trieb mein Gewiſſen, ich wollte gut machen, was ich verſchuldet!

Con. Und kommen deshalb mit Geld?! Die Armuth an Geld haben Sie nicht verſchuldet. —

Eug. Nichts mehr vom Gelde! — Ich

habe eine heilige Schuld abzutragen, und ich will es. — Jedes frühere Bedenken hat der Anblick des armen Greises verscheucht. Ja, ich will den Raub ersetzen, den ich an der Ehre seiner Tochter begangen; ich will ihr am Altare meine Hand reichen.

Con. Wirklich? Sie wollen —

Eug. Ich schwöre es beim Allmächtigen, ich will —

Con. Das wär' ganz gut, wenn Sie überhaupt wollen dürften!

Eug. Sie meinen, weil ich von meinem Vater abhängig bin! Was hindert dieß? Ich lasse mich im Geheimen mit ihr trauen.

Con. Und das nennen Sie dem Mädchen die Ehre wieder geben? Sie soll mit Ihnen verheiratet sein, und doch vor der Welt für Ihre Maitresse gelten? Nein, wenn Sie als Ehrenmann handeln wollen, wie es im Grunde Ihre Schuldigkeit ist, so ersetzen Sie öffentlich, was Sie öffentlich verletzt haben.

Eug. Ich würde dieß ja freudig thun, doch sehe ich kein Mittel, meinen Vater zu bewegen. Sie kennen seine Vorurtheile, seinen Stolz nicht; überdieß ist er immer kränkelnd, und deshalb reizbar, jede heftige Aufregung für ihn gefährlich!

Con. Ja, ich glaub's, daß Sie Ihren Vater nicht zu behandeln wissen — wußte er doch auch Sie nicht zu behandeln, — aber ich, ich möchte Gelegenheit haben, die Natur Ihres Vaters zu studieren, ich wollte ihn dann schon behandeln.

Eug. Wie? Dieß trauen Sie sich zu?

Con. Stellen Sie einen Versuch an, bringen Sie mich auf irgend eine Weise in die Nähe Ihres Vaters, und Sie sollen Ihr blaues Wunder sehen!

Eug. Also wenn ich Sie in unser Haus brächte; dieß wäre wohl leicht, — aber die Form, unter welcher dieß geschehen könnte, kann ich Ihnen nicht zumuthen.

Con. Keine Umstände —!

Eug. Wenn Sie als Bedienter —

Con. Warum nicht! Ich will ja nichts, als Ihnen dienen.

Eug. So kommen Sie sogleich mit — ich selbst stelle Sie dem Haushofmeister als von mir aufgenommen vor.

Con. James! Gehen wir, aber — mein Herr! — für den ich bis jetzt gearbeitet — Geld verdient —

Eug. Daran soll's nicht fehlen! Außer Ihrem Lohn gebe ich Ihnen täglich einen Thaler Zulage!

Con. Also Diäten? Davon kann ich die Diät meines Herrn bestreiten, und nicht wahr, Abends kann ich immer nach Hause?

Eug. Ich werde Ihnen freie Stunden bewilligen, so oft Sie es wünschen.

Con. Brav! Nur viel freie Stunden — lieber etwas mehr Lohn! — Also abgemacht!

Eug. Hier meine Hand, und hier (ihm die Börse gebend) ein Handgeld.

Con. Geld! So viel! — von Ihnen? Aber nein! Nach den soeben gemachten Eröffnungen bin ich Ihnen einen Beweis meiner Achtung schuldig! — Ich nehme Ihr Geld an!.. Aber nun sollen Sie mich kennen lernen! Ich bin sonst ein ganz stiller, unscheinbarer Bursche, aber wenn sich's um das Glück meines Herrn handelt — nehm' ich's mit einer Armee von Teufeln auf! (Geht mit Eugen ab.)

Sechste Scene.

Jonas (allein).

Jon. (kommt nachdenkend aus dem Wirthshause). Geht mir nicht aus'm Kopf der Alte! Wie ein lebendiges Gespenst ist er vor mir erschienen, und wo ich jetzt hinschau', sehe ich das abgehärmte Gesicht, die hohlen Augen, mir wird den ganzen Tag kein Bissen schmecken! (Setzt sich wieder zum Tisch und will trinken, setzt aber das Glas sogleich wieder ab.) Prr! Der Wein schmeckt auch so gallbitter, als wenn ein Tropfen aus dem Alten seine Augen hineingefallen wäre! — Ich weiß gar nicht, wie das kommt! Soll das, das Dings da, von dem ich schon habe reden hören, das gewisse „Gewissen" sein?

(Wieder sinnend.) Hm! Der Alte ist also wirklich bankerott — und ich bin daran Schuld! Aber nein! davon ist gerad nur mein Gewissen schuld, warum hat's nicht g'redt, bevor ich das gethan hab'! Was kann ich dafür, daß ich von der Natur ein Gewissen kriegt hab', das zu spät geht! — Aber wenn der Mensch einmal g'spürt, daß er ein Gewissen hat, so soll er selber in's Gewissen gehen, so hab' ich einmal vor Zeiten gelernt — er soll den Schaden gut machen, und noch extra dafür Buße thun. — Ich muß doch ein wenig nachdenken! Freilich, ich könnt's gut machen, wenn ich das Geld zurückgäbe — aber ich hab's nicht mehr, folglich kann ich's nicht mehr zurückgeben, es ist also dumm von meinem Gewissen, daß es von mir was Unmögliches begehrt! — Oder soll ich meine Pferde verkaufen, dann hätte wieder ich nichts zum Leben, und wäre am Ende gezwungen, einen zweiten schlechten Streich auszuführen, und das kann doch ein honettes Gewissen von mir nicht verlangen! — Es muß also schon mit meinem guten Willen vorlieb nehmen, ich wollt ja gern das Geld ersetzen, wenn's nur ein Anderer für mich zahlet! (Nachsinnend.) Ein Anderer? — Und wer könnt' —— (Plötzlich aufspringend, indem er einen Gedanken faßt.) Alle Wetter! Was fahrt mir da auf einmal **durch's** Hirn?! Ein großer, erhabener Gedanke! Ein Triumph, der Gewissenhaftigkeit! Ja, meiner Treu, so geht's! Ja — ja, das thue ich! Gleich jetzt mache ich die nöthigen Schritte! Auf die Art kriegt der Alte sein Geld, also ist der Schaden ersetzt, und ich heirate, das ist Gelegenheit für mein Vergehen lebenslang Buße zu thun, mehr kann ein Mann von Gewissen nicht thun, um mit gutem Gewissen seinem Gewissen befehlen zu können, fortan **das** Maul zu **halten.** (Rasch ab.)

Verwandlung.
(Sehr elegant eingerichtetes Zimmer im Hause des Baron Hornstein. Eine Mittel- und eine Seitenthüre, an der Hinterwand ein Etagère mit Blumentöpfen und ausländischen Gewächsen. Im Vordergrunde ein Tisch mit Fauteuils.)

Siebente Scene.
Der alte Baron. Henri.

Baron (ein Mann stark in die Sechzig, kommt in einem reichgestickten Schlafrock aus der Seitenthür, geht zum Tisch und setzt sich in einen Fauteuil).

Henri (ist ihm gefolgt). Also der Herr Baron **befehlen** durchaus —
Baron. Ja — ja! —
Henri. Ich soll also Ihrem langjährigen Arzte, dem Herrn Doctor Braß, seine Bestallung künden. Darf ich fragen, wodurch er sich die hohe Ungnade zugezogen hat.

Baron. Weil er ein Ignorant ist und ein impertinenter Mensch obendrein! — Stelle er sich vor, Henri! Ich frage den Quacksalber bei der heutigen Morgenvisite, wie lange ich noch zu leben hoffen dürfte? — und er — er — mein Hausarzt, den ich dafür bezahle, daß er mir mein Leben fristet, er antwortet, daß ich, wenn ich mich schone, und wenn kein besonderes ungünstiges Verhältniß einträte, wohl noch zwanzig Jahre leben könnte! — Denke er! diese Prognose! — Ich bin erst achtundsechzig Jahre — und der Mensch sagt mir so gerade in's Gesicht, daß ich nur mehr zwanzig Jahre — ab — ab — ich dachte, mich treffe augenblicklich der Schlag — hélas! ich bin noch ganz alterirt.

Henri. Es ist allerdings anmaßend, eine solche Frage zu beantworten — wer kann wissen —

Baron (heftig). Ein Arzt soll es wissen, aber er soll auch die Mittel wissen, das Leben zu verlängern, wenn der Patient es wünscht — aber unsere Aerzte, Gott sei's geklagt, — Pfuscher! lauter Pfuscher, und wir armen Menschen, wir sind in den Händen dieser Leute —! Wir zahlen sie oft achtzig, neunzig Jahre, und zum Dank dafür lassen sie uns zuletzt hinsterben, wie wir ersten besten Proletaire! Ah! quelle triste reflection! que me fera melancolique! (Stützt das **Haupt in die** Hand.) Ich darf nicht traurig sein, muß Heiterkeit annehmen. (Erhebt sich vom Sitz und geht. sich zur Lebendigkeit zwingend. im Zimmer auf und nieder. dabei trällernd.) Lalala — tralala! (Bleibt plötzlich wieder stehen, von den quälenden Gedanken erfaßt.) Nur zwanzig Jahre! und noch dazu nur unter günstigen Verhältnissen! Impertinent!

Henri (vortretend). Aber wenn Ew. Gnaden sich immer dem Gedanken hingeben —

Baron. Ich kann ihn nicht los werden! Bringe er mich auf einen anderen Gedanken! Ich will etwas, was mich zerstreut, erheitert! Sont de suite!

Henri (verlegen). Ich wirklich im Augenblick —

Achte Scene.

Vorige. Ein Diener, dann Jonas.

Diener (tritt durch die Mitte ein und sagt Henri etwas in's Ohr).

Henri (für sich). Das kommt gelegen! (Laut) Euer Gnaden ehemaliger Bereiter der Jonas Preß bittet um die hohe Ehre, Euer Gnaden aufzuwarten.

Baron. Der Jonas? Hm! war eigentlich dein mauvais sujet, aber der Kerl hatte mitunter Einfälle und Bonmots, worüber ich lachen mußte, und das Lachen ist sehr gesund pour la santé. Entrée.

Henri (öffnet die Mittelthüre, Jonas tritt ein, leise zu diesem). Der Herr Baron sind heute wieder etwas verstimmt! Sie wissen—

Jon. (ebenfalls leise). Werd' ihn schon wieder stimmen! Ich kenne ja seine Schwächen, und wenn man ein Pferd seine Mucken, und einen vornehmen Herrn seine Schwächen kennt, so kann man alle zwei leicht dirigiren! (Henri und der Diener gehen ab.)

Baron (hat sich inzwischen in ein Fauteuil niedergelassen, sich umsehend). Na, tret' er vor!

Jon. (tritt, sich verneigend vor). Euer Gnaden —! (Plötzlich sich überrascht stellend). Ah, es ist merkwürdig!

Baron. Comment? Was hat er? Was sieht er mich so starr an?

Jon. Starr vor Bewunderung über das Aussehen von Euer Gnaden! Jetzt hab' ich doch ein paar Monate lang das Glück gehabt, Euer Gnaden nicht zu sehen! und Euer Gnaden haben sich gar nicht verändert, sind nicht eine Minute älter geworden, das ist merkwürdig! naturhistorisch! man könnte sagen phänomenisch!

Baron (geschmeichelt). En verité? Findet er das?

Jon. O Gott! Euer Gnaden werden statt älter immer jugendlicher! (Für sich.) Schon fast kindisch!

Baron. Je — man thut Alles, um sich zu conserviren!

Jon. Ja darum schauen Euer Gnaden auch so aus, — (für sich) wie eine einbalsamirte Mumie!

Baron. Mais mon dieu! Wie lange kann das helfen? Mein Arzt gibt mir noch höchstens zwanzig Jährchen.

Jon. Der Strohkopf! Ich gib Euer Gnaden mit Vergnügen fünfzig!

Baron. Ho, ho! Die gewöhnliche kurze Dauer des ganzen Menschenlebens!

Jon. Was? gibt es nicht Ausnahmen, hat man nicht Exempel?

Baron. Exemple? par exemple!

Jon. Ist der Methusalem nicht über achthundert Jahre alt geworden — und war nicht einmal ein Baron —!

Baron (aufstehend). Methusalem! vraiment! Wenn uns nur die Geschichte aufbewahrt hätte, was für Medicamente der Mann gebraucht hat!

Jon. Ja, man behauptet, daß es Leute gibt, die gar nicht sterben können, und ich habe so meine Ahnung — ich glaube alleweil, der Herr Baron gehört auch zu der Race!

Baron. Flatteur! Gar nicht sterben! Ach, es wäre wohl schön — aber das ist doch noch nicht vorgekommen!

Jon. Nicht? Sagt man nicht von Saint-Germain, daß er durch sein Lebenselixir noch a Dato lebt, und dann, was wäre der ewige Jude?

Baron. Parbleu! Ja, von dem habe ich gehört, und konnte immer nicht begreifen, wie sich der alberne, dumme Jude wünschen könne, zu sterben.

Jon. Ich auch nicht! Er muß sich doch Geld zusammengespart haben, der ewige Jude!

Baron. Hähähä! delicieuse! Aber etwas muß doch an alle Dem daran sein, es muß also ein Mittel geben, sein Leben ungewöhnlich zu verlängern.

Jon. Ich weiß ein solches Mittel!

Baron (erstaunt). Was? Esquoi! parle, dis le moi!

Jon. Man verlängert sein Leben am sichersten, wenn man Allem verbeugt, was das Leben verkürzt, z. B. Zorn, Aerger, Familienverdruß, (mit besonderer Betonung) Ew. Gnaden, haben ja ein Stück Familie?

Baron. Ja, — meinen Sohn, doch der —

Jon. (die Achsel zuckend, bedenklich und gedehnt). Hm!

Baron. Hm! Was will er mit seinem „Hm!" Mein Sohn sollte Ursache sein, daß mein Leben verkürzt würde — impossible! Mein Sohn liebt mich!

Jon. Liebt? Ach ja, er ist überhaupt stark im Lieben.

Baron. Ah, ich verstehe! Il es d'une complexion amoureuse hä hä hä —! nichts als avanturen! Na weiß er, wenn ich mich manchmal auch darüber ärgerlich stelle, das ist nur äußerlich, in meinem Innern freut es mich sogar, ich denke, ganz mein Blut! Denn ich — hähähä, in meinen Jugendjahren —

Jon. Ja, Ew. Gnaden müssen ein Tausendsassa gewesen sein? Das sieht man Ihnen noch an!

Baron. Hähähä! Je tecrois, il y a des beaux restes, mais ils sont passés les jours des tête-à-tête.

Jon. Ew. Gnaden werden in der Liebe auch über den Unterschied der Stände sehr liberal gedacht haben?

Baron. C'est vrai! c'est vrai!

Jon. Na ja, bei einer bloßen Liebesaventüre geht das auch an, die ist wie ein Gefecht im Krieg, wo sich auch ein General mit einem Gemeinen herumschlagen kann, aber die Ehe ist ein Duell — ein verabredeter Zweikampf, in der darf sich ein Cavalier nur mit was Ebenbürtigem einlassen; aber Ihr Herr Sohn —

Baron (entrüstet vom Sitze auffahrend). Was? Ich will doch nicht hoffen — daß er unter seinem Stande — ein Mädchen aus einer Familie ohne Wappen und Schild —

Jon. Ah, ein Schild hat ihr Vater schon gehabt, ein Krämerschild nämlich!

Baron. Was? une roturiere? mon fils! mon fils!

Jon. Fi doux! Nicht wahr? Aber es ist doch so!

Baron. Oh! ma tête! ce chagrin me tue! (Sinkt von Schmerz überwältigt in das Fauteuil zurück.)

Jon. (besorgt). Aber Ew. Gnaden, was thun Sie denn?

Baron. Ich sterbe!

Jon. Warum nicht gar! Das wäre das Wahre? dann könnt ja Ihr Herr Sohn erst recht thun, was er wollt, könnt auf Ihren alten Stammbaum gemeine Zweige pfropfen! und Euer Gnaden könnten nichts thun, als sich immer nur im Grab' umdrehen.

Baron (sich zornig erhebend). Nein, nein, ich will leben — par dit — länger leben als er, aber ich enterbe ihn! —je tremble d'alteration!

Jon. Aber schonen doch Euer Gnaden Ihre gnädige Gall! Bis Dato ist ja noch nichts geschehen, und dem, was geschehen könnte, läßt sich ja vorbeugen!

Baron. Ah, das wird Auftritte geben, heftige Scenen, ich werde krank werden.

Jon. Fürchten Ew. Gnaden vielleicht eine Tragödie à la „Cabale und Liebe", mit einem wurmenden Intriguant, kälbernen Marschall und giftige Limonade? O nichts von allen Dem. Es soll zwar »Cabale und Liebe« aufgeführt werden, aber als Local- posse behandelt, Euer Gnaden sollen gar nichts zu thun haben, als zum Schluß zu lachen.

Baron. **Aber wie wäre** denn das **möglich?**

Jon. Lassen sich Ew. Gnaden nur **in** aller **Kürze** die Hauptpersonen der Komödie vorführen. Also: Erstens »Herr Glattner, bankrottirter Krämer, der in freien Stunden zugleich Vater ist.«

Baron. Wie, bankerott auch noch? — das kommt ja immer besser!

Jon. Gerade daß er bankerott ist, ist das Beste, denn seine Tochter ist eine gute Tochter, und wird, um ihrem Vater auszu- helfen Alles thun, sogar — sich an einen Andern als an Ihren Sohn verheiraten lassen, und **ist** sie einmal verheiratet, dann ist die Liebe Ihres Herrn Sohnes in stammbäumlicher Rücksicht gar nicht mehr gefährlich.

Baron. Vraiment! Der Plan wäre sicher — aber es handelt sich noch um zwei Punkte, für's Erste: welche Summe müßte man daranwenden?

Jon. Mit Zwölf Tausendern ist dem Alten geholfen!

Baron. Hm! Das ginge an! Aber für's Zweite: Wo ist ein Mann, der das Mäd- chen so schnell heiraten würde?

Jon. Hm! Einen solchen Mann wüßte ich wohl aufzutreiben.

Baron. Wahrscheinlich ein Vagabund, d'une mauvaise conduite — aber sage Er, wer ist's?

Jon. Das zu sagen, fällt mir jetzt ein wenig schwer, aber es muß doch heraus, aus besonderer Gefälligkeit für Euer Gnaden, würde ich selbst —

Baron. Wie? Er — Er? Na, — mir kann's recht sein! Ich will das Mädchen sehen, sprechen — wo ist sie zu finden?

Jon. Wo sie jetzt ist, weiß ich nicht — aber gerade wie ich vorhin in Ew. Gnaden Palais hereingekommen bin, habe ich einen

nagelneuen Bedienten gesehen, der ehemals Commiß beim Herrn Glattner war, der weiß es gewiß —

Baron. Ah ja! er wurde mir vorge- stellt! Ich will ihn kommen lassen. (Klingelt.)

Neunte Scene.

Vorige. Henri, dann Conrad.

Baron (zu Henri). Rufe er mir den neu Angekommenen! den, äh — wie heißt er?

Henri. Conrad, Ew. Gnaden anzu- warten!

Baron. C'est ça! den Conrad, **schnell!** (Henri ab.)

Jon. (rasch zum Baron). Aber Ew. Gna- den, **nur** vorsichtig! der Bursch' könnte am Ende mit dem Herrn Sohn einverstanden sein — ihm was stecken — dann wäre Alles verdorben!

Baron (sieht ihn verblüfft an). Comment! Einverstanden? — Das consternirt mich — nun weiß ich nicht —

Jon. Es muß eine Komödie gespielt wer- den, sonst bringen wir nichts heraus; laffen Ew. Gnaden nur mich machen — und stel- len Sie sich als mit Allem einverstanden! — Pst! Er kommt schon!

Con. (in der Livrée des Hornstein'schen Hau- ses, tritt durch die Mittelthür ein). Ew. Gna- den haben befohlen!

Baron. Oui, mon garçon! — ich will — aber der da — (auf Jonas weisend) wird ihm sagen —

Jon. (zwischen Beide tretend). Ja, — ich habe eben mit dem gnädigen Herrn über ihn, über seinen Herrn — über die Ver- hältnisse des Glattnerischen Hauses und über die Mamsell Minna gesprochen —

Con. Was — der gnädige Herr weiß also?

Jon. (leise zum Baron). Ich bitte um ein freundliches — Lächeln — nur gnädig lä- cheln! (Laut zu Conrad.) Ja, der Herr Baron, weiß Alles — aber schon gar Alles!

Con. (leise). Und was sagte er?

Jon. (absichtlich laut). Was seine Freiherrliche Gnaden sagen? (Sich zum Baron wendend, leise und bittend.) Aber lächeln —

Baron (hat seine Tabatière herausgezogen und spielt damit, während sein Gesicht sich zu einem freundlichen Lächeln verzieht).

Jon. (wieder laut zu Conrad). Schau' Er dieses Antlitz an! (Auf den Baron weisend, gerührt und schwärmerisch.) Dieses milde Lächeln! Kann die Frühlingssonne milder lächeln? Nein, sie bringt es nicht zusammen! Dieses Lächeln spricht mehr und deutlicher als eine langmächtige Rede.

Conr. Wie? Herr Baron! Sie wissen um die Liebe Ihres Herrn Sohnes?

Jon. Er weiß es und lächelt!

Conr. Wissen Sie auch, daß es nicht bloß eine flüchtige Neigung ist?

Jon. Er weiß es und lächelt.

Conr. Daß Ihr Herr Sohn die ehrlichste Absicht hat —

Jon. Er weiß es und lächelt.

Conr. Und Euer Gnaden — entschuldigen die Kühnheit der Frage — Euer Gnaden würden die Zustimmung zu einer ernsten, ehelichen Verbindung —

Baron (aus seiner Rolle fallend, auffahrend). Par exemple?

Jon. (wieder rasch dazwischen tretend, leise zum Baron). Aber, Euer Gnaden! (Laut zu Conrad, sich ebenfalls erzürnt stellend.) Ja, da soll der Herr Baron vielleicht auch noch lächeln, wenn Ihr so fragt! Ist denn das noch eine Frage? Ein Mann wie der Herr Baron kann ja nur dann zu einer Liebschaft seines Sohnes lächeln, wenn er überzeugt ist, daß sie auf ehrliche Absicht basirt, zu ehrlichen Aussichten führt.

Baron. Mais ça veut dire —

Jon. Das heißt — natürlich, wenn der Herr Baron erst das Mädchen gesehen, sich von ihrem Werth überzeugt haben wird. — Euer Gnaden wünschen dies?

Baron (nun erst Jonas' Plan begreifend, für sich). Ah — ich verstehe! (Laut, mit dem Kopfe winkend.) Oui, oui! Sehen, bald sehen hier, dans mes appartements.

Conr. Wie herrlich sich das fügt! Eben heute wollte ich Mamsell Minna zu ihrem Vater begleiten, ich habe mich mit ihr zusammenbestellt, nicht weit von hier — sie wird mich bereits erwarten, ich laufe hin und wenn Euer Gnaden erlauben, so stelle ich sie gleich vor!

Baron. Très bien!

Conr. Gott! Die Freude von dem Mädel, und der junge Herr Baron! — Was sich der für Schwierigkeiten vorgestellt hat, bis er's dahinbringt, und jetzt ist Alles schon in Ordnung! — Minna seine Braut! Der Herr Baron einverstanden, und mein Herr, mein guter Herr! Wenn nun auf einmal das finstere Gewölke zerreißt und die Sonne mit tausend Strahlen hereinblitzt! O Gott! Ich könnt' zerplatzen vor Freude! Juchh... Verzeihen Euer Gnaden, aber die Freud'! Gleich bin ich wieder hier! (Eilt ab.)

Jon. (ihm nachsehend). Der Gimpel sitzt fest auf der Leimruthe. (Zum Baron.) Na, Euer Gnaden, was sagen Sie?

Baron. Ma foi! Die Sache fängt an mich zu amüsiren — aber was sagt er? He! bin ich in seine Intention eingegangen? Was?

Jon. Ja, aber ein paarmal hätten Euer Gnaden sich doch hinreißen lassen, aus dem Lächeln herauszufallen —

Baron. Que diable! Wer kann auch lächeln bei so absurden Anmuthungen?

Jon. Warum nicht? Ewig lächeln können ist die erste Eigenschaft eines Menschen, der immer die Situation beherrschen will.

Baron. Na, wenn nun die Kleine kommt, so werde ich es schon besser treffen!

Jon. Ja, das will ich gerne glauben, einem schönen jungen Mädchen zuzulächeln, das wäre keine Kunst — das treffen andere alte Herren auch — aber das paßt gar nicht in unsern Plan, jetzt heißt es die Maske changiren, — Euer Gnaden müssen jetzt der beleidigte Vater sein!

Baron. Sacre papies! Was Er mir alles aufbürdet! Wie soll ich mich nun wieder da hineinfinden?

Jon. Denken Euer Gnaden nur an Ihren Stammbaum mit der daran hängenden Kramer-Ellen!

Baron (zornig). Mort de ma vie!

Jon. So, so, das ist schon etwas, aber **dazu noch etwas Kränklichkeit** — etwas **sich über den verirrten** Sohn Zutodegrämendes.

Baron (mit wirklich schwacher Stimme). Hélas! Dazu braucht es keine Verstellung, c'est une réalité!

Jon. Na, **sehen** Euer Gnaden! Es geht schon! Ich sag's ja, so ein jugendfrisches Talent wie Euer Gnaden braucht nur einige leise Andeutungen und es trifft Alles!

Zehnte Scene.
Vorige. Conrad, Minna.

Conr. (öffnet die Mittelthür, noch unter derselben hinaussprechend). Nur hier herein, liebe Mamsell, fürchten Sie sich nicht!

Minna (in den netten, aber sehr ärmlichen Kleidern eines Dienstmädchens, tritt ein bleibt aber mit gesenktem Haupte scheu, dicht an der Thür stehen).

Conr. (zum Baron vortretend). Euer Gnaden, da ist sie! Es hat Mühe gekostet, daß sie mit heraufgegangen ist! Sehen Euer Gnaden nur selbst!

Baron. **Nur näher — näher!**

Minna (tritt einige Schritte **weiter** vor).

Baron (besieht sie durch die Lorgnette, dann zu Jonas leise). Foi de gentilhomme, quelle jolie fille! Geschmack hat der Junge! (Milder zu Minna.) Na, fürchte Sie sich nicht — nur noch näher — ganz nahe!

Minna (noch näher kommend, schüchtern). Herr Baron!

Baron (erhebt sich von seinem Sitze, geht auf sie zu, sie immer lorgnettirend). Parole! Viel Grace! Man könnte beinahe sagen, un petit air de noblesse! — Ei, ei, ei! (Will Minna in die Wangen kneipen.) Ma petite chatte!

Jon. (leise zum Baron). Aber Euer Gnaden, der väterliche Zorn — !

Barou (leise zu Jonas). Fällt mir in der That schwer!

Jon. (leise). Ihre Kränklichkeit!

Baron (leise). O, ich fühle mich au moment viel gesünder, je me porte fort bien!

Jon. (leise, immer dringender). **Stammbaum und Elle!**

Baron (sich besinnend, wieder heftiger). **Tonnere** de Dieu! — Vous avez raison! (Laut und strenge zu Minna.) **Mademoiselle, ich habe Sie kommen lassen, um —** (Zu Conrad.) Was steht Er noch da?

Conr. Euer Gnaden, ich dachte —

Baron. Was hat Er zu denken? — Allez **vous en!**

Conr. (immer befremdet, für sich). Ich soll fort? Warum soll ich fort? Ich muß in der Nähe bleiben! (Geht durch die Mitte ab, kommt **aber** gleich darauf wieder leise herein und schlüpft ungesehen an der Wand bis zur Blumen-Etagère, hinter welcher er sich verbirgt).

Baron. Eh bien, Mademoiselle! Ich habe Sie kommen lassen, um Ihr zu sagen, daß — (indem er sie ansieht, immer freundlicher werdend) daß Sie ein sehr niedliches, ein ganz allerliebstes Mädchen sind! (Will sie **am** Kinn fassen.)

Minna (zurücktretend, mit Würde). Herr Baron!

Jon. (leise zum Baron). Aber Euer Gnaden, Sie lächeln jetzt ganz zur Unzeit!

Baron (**zu Jonas**). Ich kann mir auf Ehre selbst **keine** Rechenschaft geben, aber das kleine Ding hat mich ganz enchantirt! Und nun — nun hält mich ein Etwas ab, ein gewisses — je ne sais quoi!

Jon. **(leise).** Ich sehe schon, ich muß wieder Alles thun! (Laut zu Minna.) Der Herr Baron hat Ihnen gesagt, daß Sie ein schönes Mädel sind, aber — wollten Seine Gnaden hinzusetzen, Sie sollten deshalb nicht vergessen, daß der schönste Lilien- und Rosenteint nicht Stich hält gegen eine halbvergilbte Eselshaut — gegen ein Pergament nämlich — auf das ein Diplom geschrieben ist!

Baron. Vraiment! Das wollte ich sagen! Und darum (strenge, ohne Minna anzusehen) muß es aus sein! aus! hört Sie? (Wendet sich wieder gegen Minna — durch ihren Anblick wieder milder.) Das heißt, ich ersuche Sie darum, Mademoiselle!

Minna. Ich verstehe Sie, Herr Baron!

Baron. O, doch, doch! — Ich meine die Liaison mit meinem Sohne!

Minna (traurig). In der Angelegenheit war das Ende noch vor dem Anfang! Ihr Herr Sohn hat mir die Ehre erwiesen, auf mich aufmerksam zu werden, als ich noch — (dem Weinen nahe) im Hause meines guten Vaters — noch die Tochter eines geachteten Kaufmannes war. — Die Stunde, in der er sich zum ersten Mal mir genähert hat, hat Alles geändert — mein Vater ist zu Grunde gerichtet, ist ein Bettler! — Ich bin nichts als ein armes Dienstmädel, Sie sehen also, Herr Baron — es ist jetzt schon Alles aus!

Baron. Sie hätten also keinen Gedanken mehr an meinen Sohn?

Minna (resignirt). Ich habe keinen andern Gedanken, als den an das Unglück von meinem Vater.

Jon. Das allein, daß Sie keinen Gedanken mehr haben, nützt nichts — es müßte erst der junge Baron auch gedankenlos sein — und der der hat noch Gedanken — curiose Gedanken — darum muß er Gewißheit haben, daß Sie für ihn für alle Zeiten unmöglich geworden sind! — Mit einem Wort, Sie müssen aufhören, ein heirathbares Mädchen zu sein!

Minna (ihn erstaunt ansehend). Was wollen Sie damit sagen?

Jon. Sie müssen bereits verheirathet sein.

Minna. Was? Ich?

Jon. Sie wissen sich vielleicht jetzt in der Geschwindigkeit keinen Mann! — Aber der soll besorgt werden!

Minna. Kein Wort weiter! (Fest.) Ich werde mich nie verheirathen!

Jon. So? Auch dann nicht, wenn Sie dadurch Ihrem Vater seine Ehre vor der Welt wieder geben, ihm ein sorgenfreies Alter verschaffen könnten?

Minna (rasch). Was? Meinen Vater retten? Reden Sie die Wahrheit?

Jon. Wenn Sie mir nicht glauben wollen, wird der gnädige Herr Baron meinen Worten Nachdruck geben! (Leise.) Herr Baron, drucken Sie nach!

Baron (sich zu Minna wendend, mit kränkelndem Wesen) Ja, Mademoiselle! Sie sehen, ich bin krank — o — sehr krank. Derlei Differenzen mit meinem einzigen Sohne könnten meinen Tod — meinen Tod beschleunigen, und das wollen Sie doch nicht, um so weniger, als ich dafür auch Ihrem Vater helfen will. — Ja, mein Ehrenwort darauf, wenn Sie sich noch heute mit dem von mir erwählten Manne ehelich verbinden, so verpflichte ich mich, Ihrem Vater die zur Herstellung seiner früheren Verhältnisse nöthige Summe, (zu Jonas gewendet) ich glaube zwölftausend Gulden!

Jon. Ja, ja, zwölftausend Gulden.

Baron. Baar auszahlen zu lassen.

Minna. Herr Baron! Das sichern Sie mir zu — und dafür soll ich — (preßt schmerzlich zum Himmel blickend, ihre Hand an das Herz aber bald entschlossen) aber — darf ich denn noch überlegen? In der Nacht, in der ich von meinem armen Vater habe fort müssen, habe ich zu Gott gebetet, er möge mir einen Ausweg zeigen, und gelobt, dafür mein Blut, ja sogar mein Leben zu opfern! Gott hat meinen Schwur erhört und fordert mich jetzt auf, ihn zu erfüllen! (Zum Baron, laut.) Ja, Herr Baron! Ich bin bereit, mich Ihrem Wunsche zu fügen, aber — (zögernd) wer ist's, der — (rasch) aber nein — nein — nennen Sie mir den Mann nicht, der künftig mein Herr sein soll — ich könnte sonst doch noch in meinem Entschluß beirrt werden. — Nein — nein! — Treffen Sie Ihre Anordnungen — ich werde dem zum Altar folgen, den Sie mir bestimmen.

Baron (leise zu Jonas). Will Er ihr nicht sagen, daß Er es ist?

Jon. (leise). Nein — man kann doch nicht wissen! Sicher ist sicher! Nach der Trauung soll sie erst erfahren, wer ihr Mann ist.

Baron. Mademoiselle! Ihre Vermählung soll noch heute Abends auf meinem Schlosse Eulenburg vollzogen werden. Ich werde an meinen Schloßcaplan die Weisung ergehen lassen, daß er Sie mit demjenigen, der ihm meine Bewilligung überbringt, unverzüglich und ohne alle sonst üblichen Präcautionen trauen soll, indem ich für Alles einstehe. Also, Sie sind einverstanden?

Minna (resignirt). Ja!

Baron. Aber es ist doch nicht etwa noch im letzten Augenblicke eine Weigerung zu befürchten? Nur keinen Scandal!

Minna. Ich schwöre es Ihnen bei Gott, daß ich mich nicht weigern werde!

Baron. Eh bien! So, ist das arrangirt!

Jon. (leise zum Baron). Jetzt haben wir's — nur jetzt nicht mehr auslassen! (Laut.) Die Mamsell hat ja gar nicht nöthig, erst nach Haus zu gehn. Die Frau von Euer Gnaden Haushofmeister kann sie gleich hier etwas brautgemäß herausputzen, derweil wird der Wagen angespannt!

Minna. Ja, ja, nur geschwind! Je weniger ich Zeit habe, über meinen Entschluß nachzudenken, um so besser!

Jon. (leise zum Baron). Na sehen Sie, Sie kann es gar nicht mehr erwarten.

Baron (leise). En vérité! Ein ganz superbes Kindchen! Ich hoffe, Er wird sie gut behandeln — ich werde mich selbst davon überzeugen, hört Er? Ich selbst! Aber komme Er nun, ich werde die nöthigen Weisungen erlassen! Ein Expresse muß noch früher draußen sein als sie! (Zu Minna, laut.) Adieu! Ma belle enfant! Adieu! Na, seien Sie nicht so traurig! Ein Mann ist doch immer ein Mann, und zwölftausend Gulden eine schöne Summe! — Wir werden uns schon noch wieder sehen — en revoir, ma mignonne! en revoir! (Nickt ihr freundlich mit der Hand zu und geht mit Jonas in das Seitenzimmer ab.)

Eilfte Scene.

Minna. Conrad.

Minna (mit einem Blick gegen Himmel). Es ist beschlossen! Unwiderruflich! Ich hab's beschworen!

Conr. (tritt hinter der Etagère hervor, sieht sich um, ob er allein, eilt dann zu Minna vor und faßt, vor ihr auf die Kniee sinkend, ihre Hände, die er küßt). Minna, Sie sind ein Engel!

Minna (beinahe erschreckt). Conrad, Sie da?

Conr. Ja — ich war hier. Und während dem ich der Zeuge dieser Unterredung war, zogen zwei Gefühle in mein Herz ein, so verschieden von einand', daß ich gar nicht begreifen kann, wie sie's neben einand' aushalten können! Die Verehrung und beinahe andächtige Rührung, erweckt durch Ihre edle Selbstaufopferung — und (ingrimmig aufspringend) die tiefste Verachtung für diese heuchlerische Brut!

Minna. Schimpfen Sie nicht über den Herrn Baron! Er wird meinen Vater retten!

Conr. Glauben Sie, Ihr Vater würde einen Pfennig von dem Geld annehmen, wenn er wüßte, was damit bezahlt worden ist? Sie liebes, gutes Wesen — verkauft an irgend einen Halunken, denn nur ein Halunk läßt sich zu so etwas herbei — o ich könnte weinen! (Ist wirklich fast dem Weinen nahe, ermannt sich aber rasch.) Doch nein! Weinen wäre weibisch, und ich will denen da drinnen beweisen, daß ich ein Mann — daß ich — wenn auch ein Diener im betreßten Sclavenkleide — doch stark genug bin, um ihre Ränke zu Schanden zu machen!

Minna. Conrad! Sie dürfen nichts thun, was dem entgegen wäre, was ich mit dem Baron verabredet habe, Sie haben gehört, ich hab's geschworen!

32

Con. O, ich werde Sie zu keinem Meineid überreden.

Minna. Und darum können Sie auch für mich nichts mehr thun. —

Con. Glauben Sie?

Minna (mit von Thränen beinahe erstickter Stimme). Der Mann, dem ich einst angehöre, könnte vielleicht darauf bestehen, daß ich gleich nach der Heirat, mit ihm aus der Gegend fortziehen würde!

Con. Ja, das wäre möglich!

Minna. Ehe das geschieht, möchte ich gern noch einmal meinen Vater sehen — denn wenn er erfährt, was für ein Opfer ich für ihn gebracht habe, dann wird er mir vielleicht doch verzeihen und durch seinen Segen mich stärken, mein Los geduldig zu ertragen.

Con. Sie wollen also, daß ich Herrn Glattner bewege, hinaus nach Schloß Eulenburg zu fahren?

Minna. Ich bitte Sie um das, aber er soll mich nicht eher sehen, als bis ich verheiratet bin!

Con. (erst überlegend). Ja, so wird es gehen! Ich verspreche es Ihnen!

Minna. Aber führen Sie mich jetzt zu der Frau, von der der Baron gesprochen hat, aber nicht über die Hauptstiege, ich fürchte Engen zu begegnen.

Con. Geben Sie mir Ihren Arm, ich führe Sie über die Hintertreppe. Das ist der Lauf der Welt! Der freche Uebermuth, die Geldprocente, Trägheit gehen oft, sich breitmachend, über die Haupttreppe; der echte Menschenwerth und das wahre Verdienst müssen auf einer schmalen Schneckenstiege ihr Fortkommen finden; kommen Sie! (Beide ab.)

Zwölfte Scene.

Jonas (kommt aus dem Seitenzimmer zurück). Ich hätte nicht gedacht, daß die stolze Mamsell sich so geschwind entschließen wird die Katze im Sack zunehmen! Aber, mein Gott! Die meisten Heiraten sind nichts als ein Handel um die „Katz im Sack", die Braut-

leute kennen sich nur so äußerlich, das Aeußerliche des Menschen ist aber nur der Sack, und das Innere das ist die Katz, um die sich's handelt, und wenn so manche Braut das Innere (aufs Herz weisend) ihres Bräutigams untersuchen könnte, so überzeugte sie sich, daß es keine Katze ist, sondern oft der Kaz gehört, da wär's halt gut, wenn die Erfindung, von der ich gelesen habe, sich wirklich stichhältig bewährte! Ein englischer Doctor soll nämlich ein Licht erfunden haben, das so durchdringend ist, daß es, wenn man es hinter den Rücken eines Menschen stellt, den ganzen Menschen durchsichtig wie ein Transparent erscheinen läßt, so daß man gleich deutlich sieht, was ihm im Innern fehlt! Das wäre halt famos! (Nachdenkend.) Aber nein, es ist nicht famos! da müßten erst die Menschen ganz andere Naturen haben, denn mit einer gewöhnlichen Menschennatur wäre an dieser Erfindung nichts Ersprießliches!

Couplet.

Ein Herr hat vom Frohsinn schon d' Augen
ganz verdreht.
Mit schiefg'halt'nem Kopf er ganz demüthig geht.
Er kniet sich gleich nieder, wo ein Betschämel steht,
Es gibt keine Wallfahrt, wo er nicht mitgeht.
Ein Mitglied ist er von jedem frommen Verein,
Denn sein Herz ja, das muß ein Krystallspiegel sein;
Doch wann's mit der Erfindung sein' Richtigkeit schon hätt',
Und man mittelst dieses Licht's ihm durch und durchschauen thät,
Ob man da nicht ganz finstere Winkel entdeckt?
In denen was Anders als Frömmigkeit steckt?
Von heimlichen Sünden oft ein ganze Reih'
Hockt hinter der Larve von der Heuchelei.

Bei Vielen strahlt der Nimbus nach außen
  hinaus,
Doch der Zehnte hält das Trans-
  parentsein nicht aus.

Zu einem großen Herrn kommt ein Aspi-
  rant,
Die prächtigsten Zeugniß' hat er **in der**
  Hand,
Er ist auch empfohlen von Onkel und Tant'
Als eines **der** ersten Genie hier zu Land.
D'rum bitt' er ganz **inständig** den großen
  Herrn,
Er möcht ihn placiren, denn er möcht gern
  was werd'n.
Jetzt wann's mit der Erfindung in Richtig-
  keit schon wär,
Da zündet an das Lichtl hinter ihm der
  große Herr,
Und wenn dann der Kopf ganz **durchsichtig**
  erscheint,
Und's wär' an **dem** Platzl, wo man's
  Hirn sonst vermeint,
Ein äußerst geräumiger Stadl dann nur,
Und d'rin Heu und Stroh, doch von Hirn
  keine Spur;
Da sähe sich manch' Protectionskind nicht
  h'raus,
Denn der zehnte Mensch hielt das
  Transparentsein nicht aus.

Ein junger subalterner Beamter der leid't
An ewiger Kränklichkeit schon lange Zeit,
Nicht Arbeit **und** nicht das Kanzleigeh'n
  ihn freut,
D'rum sucht er um Urlaub an wegen sei-
  nem Leid,
Es wird zu ein'm Arzt g'schickt, der kennt
  sich nicht aus,
Bringt ewig den Sitz seiner Krankheit
  nicht h'raus.
Jetzt wann's mit der Erfindung sein' Rich-
  tigkeit schon hätt'
Und der Amtschef den Beamten so ganz
  durchblicken thät,
Ja richtig, da zeigt sich's d'Verdauung is
  g'stört,

Nur gleich gegen den Magen das Lichtl
  gekehrt,
Da liegt ihm — ja er ist auf Ehr' zu be-
  klagen —
Das ganze Bureau sammt **dem Amtschef**
  im Magen,
Doch der jagt statt'm Urlaub ihn gleich ganz
  hinaus.
Selbst Beamte halten oft 's Transparentsein nicht aus.

Ein Kaufmann, ein alter, hat eine junge
  Frau,
Sein Herz ist noch grün, doch die Haar'
  sind schon grau,
Das Weiberl ist aber recht pfiffig und
  schlau,
Sagt immer, »mein Alter auf meine Treu'
  bau« —
Dem Mann aber, er kann sich's nicht
  explicir'n,
Juckt ahnungsvoll oft recht fatal seine
  Stirn —
Jetzt wann's mit der Erfindung sein' Rich-
  tigkeit schon hätt,
Und der so hinter's Weiberl das Lichtl
  stell'n thät —;
Und schauet ihr in's Herz, ob sein Bild
  d'rin thut leben,
Da steht's in einem Winkel verstaubt voller
  Spinnweben;
Doch deutlich sieht er ein Corps **von** Offi-
  ziren,
Die mitten im Herz seiner Frau exerciren.
Ja für Viele wär' die neue Erfindung ein
  Graus,
Denn die zehnte Frau hielt 's Trans-
  parentsein nit aus.

Was das für ein Held is! ja schaut's ihn
  nur an,
Keine Schlacht gibt's, wo nicht hätt' gefoch-
  ten der Mann,
Ihr müßt ihn erzähl'n hör'n, was er alles
  gethan,
Da lauft euch die Gänshaut vom Zuhö-
  ren an;

Sein Schwert ist ganz rostig schon von
Feindesblut,
Weicht ihm aus, denn entsetzlich ist er in
der Wuth;
Doch wenn's mit der Erfindung sein' Rich-
tigkeit schon hätt'
Und von rückwärts man den Helden illu-
miniren thät,
Und es zeiget sich links da nur groß aufge-
blasen
Das winzige Herzerl von einem Marzi-
hasen,
Und die Tapferkeit, die in der Brust sonst
logirt,
Zeigt sich bei Beleuchtung nur im Maul
einquartirt,
Da fürchtet sich Niemand, All's lacht ihn
aus —
Selbst Helden halten oft 's Trans-
parentsein nicht aus. (Ab.)

Verwandlung.

(Hofraum in dem Schlosse Eilenburg, im Hintergrunde eine Mauer sammt Einfahrtsthor.
Auf einer Seite ein Flügel des im modernen
Style gehaltenen Wohngebäudes, auf der anderen Seite eine im alterthümlichen Style ge-
baute, dem Verfalle nahe Burg. Es ist bereits
spät Abend, und wird bis zum Schlusse des
Actes vollkommen dunkel. — Das erste Stock-
werk des Wohngebäudes ist erleuchtet.)

Dreizehnte Scene.

Mehrere Bauern, darunter Matz und
Görgl (kommen durch das Einfahrtsthor und
sehen sich neugierig um).

Matz (auf die Fenster weisend). Seht's es,
da herob'n is a Licht!

Görgl Und die Fenster von der kloan
Kapelle, die da aus dem alten G'schloß
(auf die Burg) rückwärts geg'n Wald außi
geh'n, sein auf einmal licht wor'n!

Matz. Sein no so spät. I kann mir's
gar nit erklären.

Görgl. Ah bös schon.

Matz. Was? Du weißt, warum die
Fenster licht sein?

Görgl (wichtig). Freili!
And. Bauern (sich an ihn drängend).
Warum denn?

Görgl. Weil — aber verrath's mi nit!
Bauern (immer gespannter). Na — na
— aber sag' nur — weil?

Görgl (geheimnißvoll). Weil's d'rinnen
in die Zimmer die Lichter anzunden haben.

Matz (ihn ärgerlich mit der Hand von sich
stoßend). Hans Dampf! Das haben wir
eh' g'wußt!

Görgl. Na was fragt's denn nachher?

Matz. Still, still! Mir scheint's kimt
wer! (Sie ziehen sich etwas zurück.)

Vierzehnte Scene.

Jeremias (kommt, eine Laterne in der Hand
aus der Thür des Wohngebäudes. Jack in der
Jockeylivrée folgt ihm).

Jerem. Meldet Er Gnaden meinen
geziemenden Respect und sagt: daß Ihr
Euch selbst überzeugt habt, wie ich mich
beeilte, allen Befehlen nachzukommen.

Jack. Sie kann jeden Augenblick hier
eintreffen.

Jerem. Es ist Alles vorbereitet!

Jack. Jetzt muß ich mich wieder auf den
Heimweg machen, eh' die Nacht völlig ein-
bricht!

Jerem. Da thut Ihr wohl daran, denn
die Wege sind schlecht, mein Hans. Führt
eure Pferde d'raußen herum, ich werde
Euch leuchten! (Geht mit Jack durch das
Einfahrtsthor ab.)

Matz (mit den Bauern wieder vorwärts
kommend). Habt Ihr es gesehen, ein Reitknecht vom Herrn Baron, und außag'ritten ist er kemma, jetzt —

Görgl. Ja gelt — jetzt möchst bald
wieder wissen, warum der außag'ritten ist?

Matz. Na freilich! Warum denn?

Görgl (wichtig und geheimnißvoll). Er
ist außag'ritten, weil — weil er nicht zu
Fuß hat gehen wollen.

Matz. Stab — da kommt der Herr Ju-

spector wieder — der wird uns sagen können.
(Ziehen sich seitwärts zurück.)

Jerem. (kommt wieder, ohne die Anwesenden zu bemerken, mit sich selbst redend). Sonderbar! das Ganze hat fast Aehnlichkeit mit den Geschichten in meiner alten Hauschronik, aus der Zeit, in welcher dieses alte Schloß noch der Sitz der Hornstein war!

(Bauern kommen wieder vorwärts.)

Matz (den Hut abziehend). Grüß Gott, Herr Inspector!

Jerem. (sich überrascht umsehend). Was wollt Ihr da?

Matz. Na, wir haben gerade durch den Wald hamgeh'n woll'n, und wie wir Licht geseh'n hab'n im Schloß — sein wir stehen blieb'n!

Görgl. Was muß denn dös sein, hab'n mir g'sagt —!

Matz. Na, schauen's nur auffi, hab' ich g'sagt!

Görgl. Und so sein mer halt kemma.

Matz. Und so sein mer da!

Jerem. (ärgerlich). Und so könnt Ihr Euch wieder trollen! Nach ausdrücklichen Befehl des Herrn Grafen soll die Hochzeit ganz im Stillen vor sich gehen!

Matz, Görgl und die Bauern (ganz erstaunt). A Hochzeit?!

Jerem. Also geht's wieder, geht, ich könnte sonst Verdruß haben, der Herr Baron schrieb mir ausdrücklich »Im Stillen!«

Görgl. Na, mit dem Zuschau'n mach'n wir ja kein Lärm!

Jerem. Aber halt! (Horcht.) Meiner Treu — ja ich höre einen Wagen — sie werden es sein! (Zu den Bauern.) Ich bitt Euch, geht! — Fort, fort aus dem Schloß!

Görgl. Aus dem Schloß? um kein G'schloß!

Jerem. Der Wagen hält! (Aengstlich zu den Bauern.) Tretet wenigstens zurück, damit sie Euch nicht sehen. Wie einer das Maul aufmacht, so lasse ich meine Hunde über Euch los! (Drängt Alle gegen den Hintergrund, und eilt mit der Laterne gegen das Einfahrtsthor.)

Fünfzehnte Scene.

Vorige. Agathe, Minna.

Minna (in weißem Kleide, einen Schleier über das Gesicht, tritt gesenkten Hauptes von Agathen geführt ein).

Jerem. (empfängt sie, sich tief verneigend). Habe ich die Ehre — (hebt die Laterne so, daß er Agathens Gesicht sieht). Ah, die Frau von Haushofmeister!

Agathe. (mit Minna mehr in den Vordergrund tretend). Ja, der Herr Baron befahl mir das Fräulein — (auf Minna deutend) zu begleiten. Sie wissen bereits —

Jerem. Alles! Der Herr Caplan erwartet das Brautpaar! — Aber ich sehe noch kein Paar!

Agathe. Der Bräutigam wird sogleich folgen.

Jerem. (zu Minna). Ist es gefällig — indeß im Schlosse zu warten — die Gemächer sind bereit.

Minna (bejahet durch Kopfnicken).

Agathe (zu Minna). So folgen Sie mir! (Zu Jeremias.) Wenn der Bräutigam kommt, und sich als solcher ausgewiesen hat, holen Sie uns, damit die Trauung gleich vor sich gehe! (Ab mit Minna ins alte Schloß.)

Jerem. (ihnen nachsehend und den Kopf schüttelnd). Da werde ein Anderer daraus klug!

Matz. Habt Ihr es geseh'n?

Görgl. Stad, stad! Wir dürfen nichts reden!

Jerem. (horchend). Was ist das wieder? Pferdegetrapp?! (Eilt gegen das Hausthor und sieht hinaus.) Mehrere Männer? Sie sitzen ab, sie kommen hieher!

Sechzehnte Scene.

Vorige. Conrad (in der Livrée eines Jägers), Eugen (ebenfalls als Jäger, im Gesicht durch falschen Bart und Haar entstellt, den Hut tief in's Gesicht gedrückt). Mehrere andere Jäger kommen durch das Thor).

Jerem. (die Laterne erhebend). Das ist ja **unfer** ganzes Jagdperfonal?

Conr. Wir find hier auf Befehl des Herrn Baron!

Jerem. Auf Befehl des Baron?

Conr. Ja, wir follen Zeugen der Vermälung fein, die hier ftattfinden foll! Wer find die Leute?

Jerem. Neugieriges Bauernvolk, das fich nicht fortbringen läßt.

Conr. Die müffen fort! — Liebe Leute, an Euch habe ich anch einen Auftrag vom Herrn Baron!

Matz. An uns?

Conr. Ja. Ihr follt im Gemeinwirths-**haus** das Wohl des Brautpaars trinken!

Görgl. Ah, trinken können wir fchon, aber wer zahlt's?

Conr. (ihm einen Geldbeutel zuwerfend). **Der** Herr Baron. Wir kommen auch nach!

Görgl. Juhe! Geld ift da, Männer! Zu's Wirthshaus! Vivat!!

Conr. Ruhig! fchreit, wenn Ihr bei euren Krügen fitzt. (Die Bauern ab, zu Jeremias.) Noch Eins, der Herr Baron wünfcht, daß wir vom Brautpaar ungefehen bleiben!

Jerem. Nun gut, hier hinter dem alten Gemäuer habt Ihr Raum genug, Euch zu verbergen!

Ein Jäger. Er kommt!

Conr. Schnell, verbergt Euch Alle. (Er, Eugen und die anderen Jäger treten zu beiden Seiten hinter das Mauerwerk.)

Siebzehnte Scene.

Vorige. Jonas.

Jon. (in feinem Reitermantel, einen breitkrämpigen Hut in die Stirne gedrückt, kommt herein, für fich). Aha, ich werde fchon erwart't! Aber auch der alte Hausinspector foll mich nicht kennen, fonft fteckt er ihr's, und wenn fie wüßte, daß ich es bin, machte fie am Ende doch noch Sprünge!

Jerem. (ihm entgegen). Mein Herr, find Sie — (Jonas nickt mit dem Kopfe). Sie follen mir eine fchriftliche Ordre übergeben.

Jon. (zieht ein Schreiben hervor und hält es ihm hin).

Jerem. (es nehmend, für fich). Der fcheint ftumm zu fein! (Hält das Schreiben gegen die Laterne.) Ja, es ift die Unterfchrift des Herrn Baron! Alles in Richtigkeit! Ift es Ihnen gefällig, fogleich zu der Ceremonie zugehen? (Jonas nickt zuftimmend.) So gedulden Sie fich einen Augenblick, ich hole das Fräulein Braut! (Jonas nickt zuftimmend.) Noch Eins! Werden Sie nach der Vermälung das Schloß gleich verlaffen, oder gedenken Sie über Nacht hier zu bleiben? (Jonas nickt rafch mit dem Kopfe.) Sehr wohl! Die Gaftzimmer find in Bereitfchaft! (Ab in's Wohngebäude.)

Jon. Mir ift doch fo ganz kurios zu Muth! Es ift ein eigenes Gefühl, wenn man weiß, daß man in der nächften Viertelftunde halbirt wird, na ja, jetzt bin ich noch etwas Ganzes für mich; wie ich von **der** Trauung fortgehe, bin ich nur mehr **die** Hälfte, nämlich eine Ehehälfte, der Gedanke packt mich fo gewiß —

Conrad, Eugen, die Jäger (find indeffen leife aus ihrem Verfteck vorgefchlichen, einige packen Jonas von rückwärts, ein anderer **drückt ihm einen Knebel in den Mund**).

Jon. (will fchreien).

Conr. (ihm den gezückten Hirfchfänger an die Bruft fetzend). Keinen Laut, oder ich fpieß' Dich wie ein Wildfchwein! Den Mantel, den Hut! — Habt ihr ihn feft gebunden? Fort mit ihm! — Ihr wißt im alten Schloß das ehemalige Verließ — dort hinein und haltet Wache! (Einige Jäger fchleppen Jonas trotz feines Widerftrebens in die alte Burg. Conrad fetzt Eugen den Hut des Jonas auf und hüllt ihn in den Mantel.) Sie bleiben hier! Wir ziehen uns wieder zurück! (Treten zurück.)

Achtzehnte Scene.

Vorige. Jeremias (mit einem Kron-Armleuchter). Agathe und Minna (kommen aus dem Schloffe).

Jerem. Diefer Herr ift der Ihnen vom Herrn Baron beftimmte —

Minna (wankt einer Ohnmacht nahe).

Agathe. Fassen Sie sich, liebes Kind!

Minna (sich aufraffend). Ja, Gott befiehlt's so — ich will! (Zu Eugen.) Führen Sie mich zum Opferaltar!

Eugen (reicht ihr die Hand und führt sie gegen das alte Schloß ab. Man hört das Geläute der Glocken.)

Conr. (zu den Jägern). Auf die Knie! und flehet vom Himmel Segen für diese Stunde! (Alle knien.)

Der Vorhang fällt.

Dritter Act.

(Ein Gemach auf dem Schlosse Eulenburg, eine Mittel- und zwei Seitenthür, im Vordergrunde ein Tisch und Fauteuil — auf dem Tische liegt der dem Jonas im zweiten Acte abgenommene Mantel und dessen Hut.)

Erste Scene.

Eugen. Conrad. (Beide noch als Jäger.)

Conr. (steht mit ausgespreizten Beinen mit dem Rücken an die Mittelthür angelehnt).

Eug. (steht vor ihm, seine Hände bittend gegen ihn erhoben). Conrad! Ich beschwöre Sie, geben Sie mir mein Wort zurück!

Conr. O nein! Das Wort eines Ehrenmannes ist ein kostbares Gut! Sie haben mir Ihr Wort gegeben, unmittelbar nach der Trauung Ihre Frau zu verlassen, ohne sich ihr zu erkennen zu geben, und sie nicht eher wieder zu sehen, bis Sie mit Zustimmung Ihres Herrn Vaters vor aller Welt sagen können: „Minna, ich bin Dein rechtmäßiger Gatte!"

Eug. Aber wußte ich denn vorher, was sich bei der Trauung ereignen würde? Minna blieb ihrer Sinne nur so lange mächtig, bis sie mit brechender Stimme das „Ja" ausgesprochen hatte, dann — stürzte sie ohnmächtig nieder, und Sie — Sie rissen mich grausam von ihrer Seite fort — hinderten mich, ihr beizustehen. — Laßt mich zu ihr! (Will Conrad wegdrängen.)

Conr. Oh, Sie wollen Gewalt brauchen, — das ist ja gar nicht nöthig! (Öffnet die Thüre und geht von ihr weg.) Die Thüre ist offen. Gehen Sie! (Eugen will rasch fort; Conrad absichtlich laut.) Ich weiß nun doch, was Ihr Ehrenwort werth ist!

Eug. (bleibt stehen). Conrad!

Conr. (sehr höflich). Bitte sich nicht aufhalten zu lassen, Herr Baron! (Sich verneigend.) „Ich habe die Ehre!" ja ich kann sagen: „ich habe die Ehre!" denn ich, obwohl nur ein Commis, habe doch noch nie mein gegebenes Wort gebrochen!

Eug. Und ich will's auch nicht! Ich bleibe!

Conr. Ah, das ist eine Rede, nun ist's wieder gut!

Eug. Aber sagen Sie nur, warum Sie darauf dringen, daß ich mich meiner Frau nicht nähern darf?

Conr. Es wäre doch möglich, daß ich Ihren Herrn Vater nicht zur Zustimmung bewegen könnte, ja daß er diese auf sonderbare Weise geschlossene Ehe für ungiltig erklären ließe, und in diesem Falle muß Minna nicht bloß nicht mehr Ihre Frau heißen dürfen, sie muß es nie gewesen sein. Sie verstehen mich wohl?

Eug. Dann zögern Sie nicht, Ihr Werk dadurch zu krönen, daß Sie meinen Vater zur Einwilligung bewegen.

Conr. Heute oder nie! Entschließen Sie sich nur, mit mir nach der Stadt zurückzukehren — Minna bleibt indessen hier. —

Eug. Und Jonas!

Conr. Der hat die Nacht recht romantisch im Burgverließ zugebracht.

Eug. Ich kann ihn nicht länger zurückhalten.

Conr. Sie haben Recht! Man kann dem ritterlichen Gefängnisse nicht länger die Schande anthun, solch einen ordinären Schuft zu beherbergen.

Eug. Aber was fangen wir mit ihm an?

Conr. Er muß eine schriftliche Erklärung abgeben, daß er seinen Entschluß, Minna zu heiraten, bereut habe, und für alle Zeiten auf ihre Hand verzichtet. Er wird mürbe sein; ich will gleich zu ihm — doch hier liegt noch der ihm abgenommene Mantel und sein Hut; was sein ist, wollen wir ihm nicht vorenthalten! (Nimmt den Mantel vom Tische.) obgleich der Mantel schon fadenscheinig ist, — da sehen Sie nur, überall voll Flecke! und da — da —

Eng. Was haben Sie denn?

Conr. Eine Stelle, in die ein ganz neuer Tuchfleck eingesetzt ist.

Eug. Nun, und was hat die Kleinigkeit zu sagen?

Conr. **Es gibt keine so kleine Kleinigkeit, die in der Hand der Vorsehung nicht ein Mittel zum Größten werden könnte,** und so habe ich hier (zieht seine Seitentasche und aus derselben ein kleines Stückchen Tuch von derselben Farbe wie das Tuch des Mantels, und hält es in die Höhe) auch ein ganz kleines Stückchen Tuch, das nun mit einem Male werthvoller ist als ein ganzes Magazin voll der feinsten Cachemirs!

Eug. Ich verstehe Sie nicht!

Conr. Sie werden mich verstehen, wenn Sie Zeuge einer Unterredung sein wollen, die ich nun mit dem Herrn Jonas pflegen **will.** Lassen Sie ihn kommen, ich bitte **Sie!**

Eug. Sogleich! (Klingelt.)

Zweite Scene.

Vorige. Ein Jäger.

Eug. Den Gefangenen herauf!(Jäger ab.)

Conr. (zu Eugen). Sie belieben hier in's Nebenzimmer zu treten, horchen Sie genau auf jedes Wort, das hier gesprochen wird, und wenn ich rufe: „Ihr Unsichtbaren habt es gehört," so eilen Sie heraus — ich will Ihnen noch andere Zeichen geben. Aber nur schnell da hinein! (Drängt ihn in das Seitenzimmer.) Gott! nur jetzt verleihe mir Schlauheit, und lasse mich besonnen zu Werke gehen, Wie auch das Blut in mir wallt, ich muß mich beherrschen, wie ein kluger Fechter, der mit kalter Ruhe und scharfem Auge die erste Blöße wahrnehmen muß, die sich sein Gegner gibt, um ihm den Todesstoß zu versetzen. Still, ich höre ihn kommen. (Setzt sich in ein Fauteuil, schlägt nachlässig die Beine über einander und sieht lächelnd den Kommenden entgegen.)

Dritte Scene.

Conrad. Jonas. Zwei Jäger.

Jon. (im Eintreten). Himmelkreuztausendmillionbombengranaten donner und blitzelement! Werd' ich jetzt einmal erfahren—!

Conr. Ah bon jour Monsieur Jonas!

Jon. Was? Sie da? auch in Jäger-Livrée.

Con. Natürlich! ich habe ja gestern eine Jagd mitgemacht, eine famose Jagd.

Jon. Sie? Vielleicht auf Heuschrecken!

Conr. O nein, auf einen Wolf, der eben auf ein armes Lämmchen losging, **und es ist gelungen, wir haben das Vieh** gefangen.

Jon. **Ich will doch nicht hoffen, daß** das Vieh allegorisch gemeint ist. Sie, mir trauen's heut' nicht, ich bin in einer Stimmung, daß ich die Welt zerreißen könnt'! Da werd' ich mit so einem Budelramer auch noch fertig werd'n.

Conr. Nur ruhig, mein Bester, wir wollen ganz freundlich ein Wörtchen mit einander kosen! (Zu den Jägern.) Könnt gehen! (Auf die Seitenthür links.) Dort hinein! (Die Jäger ab.)

Jon. Sie, mir scheint gar, Sie waren mit bei dem Rauberhandel, bei den Jägern, die bei mir, wie bei ein'n Auerhahn gerad' den süßesten Moment meines Lebensabgewartet haben, um sich meiner zu bemächtigen, und die mich in das schauerliche Burgverließ geworfen haben.

Conr. (immer sehr freundlich). Nun, wie haben Sie geruht?

Jon. Fragen's nicht erst! Auf einer hölzernen Pritschen mit gebundenen Händen, daß mir die Adern angelaufen sind, wie Leberwürst, und 's Maul verbunden, daß

39

ich keinen Athem gehabt hab'! Das soll ein Ersatz sein für die Freuden eines Neuvermälten? Und warum? Ich frage warum?

Conr. Man wollte Ihnen nur einen kleinen Begriff davon geben, was es heißt, unfreiwillig gebunden zusein. Sie waren es doch nur eine Nacht, Minna wäre es für ihr ganzes Leben gewesen, aber diese wird nie Ihre Frau —

Jon. Sie wollen also die Rettung Ihres Principals verhindern? Wissen Sie, daß gleich nach meiner Heirat dem Herrn Glattner die zwölftausend Gulden hätten ausgezahlt werden sollen —

Conr. Ja, gerade so viel, als ihm damals gestohlen worden ist, doch das ist jetzt nicht mehr nöthig! Die Summe muß der ersetzen, der sie gestohlen hat.

Jon. Na ja, so spricht sich's Gesetz aus, aber nach dem Codex Norinbergianus wird Keiner eher aufgehängt, als bis man ihn hat.

Conr. Es wurde uns aber gestern von der Behörde angezeigt, daß man des Diebes bereits habhaft geworden.

Jon. Was sagen Sie? Ist das gewiß?

Conr. Ganz gewiß!

Jon. Das ist ja ungeheuer interessant! Aber wie ist denn das gelungen?

Conr. Unsere Sicherheitsbehörden haben tüchtige Agenten!

Jon. Kann mir's denken! Wenn's sogar Den erwischt haben?

Conr. Ja den, der so ein abgefeimter, durchtriebener Halunke sein soll.

Jon. (hustet verlegen). Hm, hm!

Conr. Wie meinen Sie?

Jon. O nichts! Nur ein bissel Katarrh! — Aber erzählens doch, wie hat man ihn denn erwischt?

Conr. Ein Stückchen Tuch wurde zum Verräther!

Jon. Ein Stückchen Tuch?

Conr. Man hat nämlich später bei Besichtigung des Locals, in welchem der Diebstahl verübt worden, an einem hervor-

stehenden Nagel des Schlosses der Bude ein Stückchen Tuch hängen gefunden.

Jon. Teufel!

Conr. Und jetzt traf man einen Kerl, der einen zerrissenen Mantel von derselben Farbe trug.

Jon. Nur festhalten den Kerl — er ist's schon. — Es kann kein Anderer sein.

Conr. Nein, es kann kein Anderer sein. Schauen Sie, die Sache war so. (Nimmt Jonas' Mantel vom Tisch.)

Jon. Erlauben Sie, das ist ja mein Mantel!

Conr. Ich brauche ihn nur, um Ihnen zu zeigen.

Jon. O, das ist gar nicht nothwendig! Ich kann mir Alles vorstellen — Sie glauben nicht, was ich für eine lebhafte Phantasie habe. (Langt fortwährend nach dem Mantel.)

Conr. Ich will Ihnen ganz deutlich den interessanten Fall erklären. Man bemerkte nämlich an einem Ende des Mantels, wie hier — Ah merkwürdig!

Jon. Was?

Conr. Daß hier — gerade an der Stelle, auch ein Stück Tuch eingeflickt ist.

Jon. Eingeflickt?

Conr. Das ist spaßig!

Jon. Ja sehr spaßig! — Hahaha!

Conr. Wenn man nun früher Sie in dem Mantel gesehen hätte, so hätte man Sie für den Dieb halten können.

Jon. Ja — auf Ehre! Sehen Sie — wie man da — so mal apropos Lausereien haben könnte.

Conr. Und es dürfte zum Beispiel das vorgefundene Stückchen Tuch von derselben Sorte sein wie das von dem Mantel —

Jon. Aber das abgerissene Stück hat die Polizei — (für sich) und den Mantel verbrenne ich heute noch.

Conr. Nein, das abgerissene Stück Tuch wurde auf meinen Antrag, selbst Nachforschungen anzustellen, von dem Untersuchungsrichter mir anvertraut und ist — (zieht es aus der Tasche und hält es Jonas hin) hier!

Jon. (erschrickt und steht zitternd und bebend da. Pause.)

Conr. Es ist dieselbe Farbe — dieselbe Größe wie das hier eingeflickte!

Jon. Wirk—lich? Wunder—bar —

Conr. Nun könnte zum Beispiel ich Sie im Verdacht haben, und es ist ein böses Ding, um so einen Verdacht!

Jon. O, abscheulich! Darum geben Sie ihn auf!

Conr. Das ist schwer; um den Argwohn ganz los zu werden, will ich den sonderbaren Zufall doch der Behörde anzeigen, damit Ihre Unschuld gerichtlich bewiesen werde. (Geht einige Schritte gegen die Thür.)

Jon. (hält ihn schnell zurück). Nein, nicht, zu was — ich brauche kein Unschuldszeugniß, mein Bewußtsein —

Conr. Nur um meinen Argwohn zu vernichten —! (Langt nach dem Glockenzuge.)

Jon. (eilt hin und hält Conrads Arm). Was thun Sie? Nur kein Aufsehen — lassen Sie mit sich reden, es könnte am Ende — verstehen Sie — man weiß nicht — und Sie werden mich doch nicht unglücklich machen wollen?

Conr. Unglücklich würde ich Sie nur dann machen, wenn Sie wirklich der Thäter wären, und dann —

Jon. Dann?

Conr. Dann hätte ich Mitleid mit Ihnen!

Jon. (aufathmend). Wirklich?

Conr. Man soll nicht allzustrenge richten, — jeder Mensch hat schwache Augenblicke —

Jon. Ja wohl, schwache Augenblicke —

Conr. Die verlockende Gelegenheit —

Jon. Sehr verlockend!

Conr. Wie gesagt in diesem Falle, aber der Fall ist ja bei Ihnen nicht möglich, und darum — (langt wieder nach dem Glockenzuge).

Jon. (ihn wieder schnell abhaltend). Hören Sie!

Conr. Was denn, lieber Herr Jonas?

Jon. Es wäre doch — wissen Sie — ich sage nur — möglich ist Alles.

Conr. Was! Um Gottes willen! Reden Sie nicht so laut! Es könnte Jemand hören — kommen Sie hieher — (Führt ihn zur Seitenthüre.)

Jon. Sie sollen von mir tausend Gulden kriegen, aber nur still!

Conr. Also haben Sie wirklich?

Jon. Ich?

Conr. Gestohlen?

Jon. Das heißt — nicht so eigentlich — ich — ich habe nur Geld gebraucht — und mir's indessen von Herrn Glattuer, ohne daß er es gewußt hat, ausgeliehen — o, ich hätt's schon wieder zurückgezahlt!

Conr. (laut ausrufend). Habt Ihr's gehört, ihr Unsichtbaren?!

Vierte Scene.
Vorige. Eugen. Jäger.

Eug. (zu den Jägern). Nehmt ihn fest.

Jon. Wer ist —?

Eug. Die Zeugen deines Geständnisses, Elender!

Jon. Was? Sie haben gehorcht? O pfui!

Eug. Wo es sich darum handelt, den Verbrecher zu entlarven und ihn für künftig unschädlich zu machen, ist Horchen keine Schande — doch Schande wär's, wenn ich mich mit ihm noch länger in ein Gespräch einließe. Ich habe bereits an das Ortsgericht geschickt, damit es ihn in Empfang nehme!

Jon. (heftig erschreckt). Ortsgericht? Um Alles in der Welt! (Auf die Knie niedersinkend.) Ew. Gnaden! — So werden Sie langjährige Dienste nicht vergelten! Euer Gnaden, ich werb's mein Lebtag nicht mehr thun. Ew. Gnaden! Ich will aus eigenen Mitteln Alles ersetzen! Ich gib dem Herrn von Glattuer, was ich habe, ich verkaufe meine sämmtlichen Reitschulpferde an die Pferd-Fleisch-Ausschrotung! Sie werden reißend abgehen, aber nur nicht vor's Gericht!

Fünfte Scene.

Vorige. Hubert. Einige Jäger.

Hub. und Jäg. (eilen zur Mitte herein). Gnädiger Herr!

Jon. (zusammenbrechend). Sie sind schon da!

Eug. Nun, habt ihr die Anzeige gemacht?

Hub. Ja wohl, und soeben kam der gnädige Herr Papa —

Eug. Mein Vater?

Jon. (aufspringend). Der alte Herr Baron?

Eug. (leise zu Conrad). Was ist nun zu thun?

Conr. (leise). Geben Sie ihm aus dem Wege, bis ich ihn bearbeitet habe.

Eug. (leise). Hoffen Sie das?

Conr. (ebenso). Jetzt bin ich beinahe meines Erfolges gewiß.

Eug. (wie oben). Ich baue auf Ihre Klugheit! (Laut zu den Jägern.) Zwei von Euch bleiben hier zur Bewachung dieses Menschen.

Jon. Gott! Wie jetzt auf mich Acht gegeben wird, als wenn ich ein Prachtexemplar in einer Schatzkammer wäre!

Eug. (geht ab. Hubert und die Jäger bis auf zwei folgen ihm).

Jon. (für sich). Der alte Baron? Wenn er nur früher kommt, als die Wachen, daß ich mit ihm ein ernstes Wort reden kann, er muß mich herausarbeiten! (Man hört von außen Jeremias Stimme.)

Jerem. Meiner Treu! Euer Gnaden, Herr Baron!

Sechste Scene.

Vorige. Jeremias. Der alte Baron.

(Conrad und die Jäger ziehen sich in den Hintergrund zurück. — Jeremias öffnet die Thür.)

Bar. (im Eintreten zu Jeremias). Also Alles vor sich gegangen, wie ich befohlen?

Jerem. Alles genau nach Euer Excellenz Auftrag!

Jon. (für sich). Was sagt der alte Esel?

Bar. (zu Jeremias). Très bien! je suis content (Sieht sich um und erblickt Jonas.) Mais le voilà! Da ist er ja, der Glückliche!

Jon. Glücklich?! (Für sich.) Ja, ich hätt's vonnöthen!

Bar. (zu Jonas). Sieht er nun, wie ich an seinem Lose theilnehme?

Jon. Ew. Gnaden wollen an meinem Lose theilnehmen? (Für sich.) Will er sich vielleicht auch einsperren lassen?

Bar. Ich fuhr heute Morgens eigens aus der Stadt heraus, um den Neuvermälten zu gratuliren.

Jon. Mir gratuliren?

Bar. Ja, es interessirt mich, das junge Weibchen heute zu sehen! (Zu Jeremias.) Wo ist sie denn?

Jer. Sie ist etwas unwohl!

Bar. Unwohl! Ah dormage! Und Er — (betrachtet Jonas) sieht ja auch so verstört aus, so blaß!

Jon. Ja, ich bin etwas angegriffen.

Bar. Nun, wie ist ihm denn in den neuen Banden zu Muthe?

Jon. Grauslich!

Bar. (erstaunt). Comment?

Jon. Euer Gnaden, nur ein paar Worte unter vier Augen.

Bar. Was hat er mit zu entdecken? (Zu Conrad und den Jägern.) Sortez! Laßt uns allein!

Conr. Entschuldigen, Euer Gnaden, das dürfen wir nicht!

Bar. Pourquoi pas?

Conr. Die Antwort gebe ich — (Oeffnet die Mittelthür.) Nur herein, meine Herren!

Siebente Scene.

Vorige. Gerichtspersonen. Drei Mann Wache.

Jon. Mir wird nicht gut!

Bar. Qu'est ce que cela?

Conr. (mit lauter Stimme zur Gerichtsperson). Herr Commissär, hier steht der,

des Cassaeinbruchs im Glattnerischen Hause
Ueberwiesene und Geständige! — Ueben
Sie Ihre Pflicht!

Bar. **Was? Er? Deux de dieu! —
Wie wird mir!** (Wankt zu einem Stuhl. Conrad eilt zu ihm und spricht mit ihm.)

Gerichtsperson. Folgen Sie uns!

Jon. Ich kann nicht gehen, ich kann ja
kaum mehr stehen, der Herr Baron wird
deshalb für mich gut stehen.

Gerichtsp. Wie, der Herr Baron?

Bar. (welcher ganz erschöpft auf einen
Stuhl gesunken, macht mit der Hand eine abwehrende Bewegung).

Gerichtsp. Also keine Umstände, fort
mit ihm!

Jon. Es ist aus! Was nützt mir meine
vornehme Connexion! Dort sitzt er — der
altreiche Baron! Und auch er erwirkt mir
keinen Pardon! Nun denn, so folge ich zur
Inquisition. (Ab mit der Gerichtsperson und
Wache.)

Bar. Also er — ein Verbrecher! Und
mit diesem Elenden — (Zu Jeremias.) Sage
Er, ist die Trauung wirklich vollzogen?

Jer. Ja wohl, ich war Zeuge!

Bar. Ciel! Juste ciel! Ich überlebe
es nicht!

Cour. Euer Gnaden, was ist Ihnen?

Bar. Un médecin! Einen Arzt!

Cour. Ja! Es muß ein Arzt geholt
werden! Ich fliege! (Eilt ab.)

Jer. Euer Gnaden, erholen Sie sich!
Ich begreife gar nicht!

Bar. Er begreift gar nicht! Bête!
Und Er — Er ist an Allem Schuld!

Jer. Ich — Euer Gnaden?

Bar. Warum ließ er die Trauung
so schnell vornehmen?

Jer. Aber Euer Gnaden ausdrücklicher
Befehl!

Bar. Raisonnire Er nicht — Er ist
Schuld — Er muß Schuld sein! Denn
ich kann es nicht verantworten!

Achte Scene.
Vorige. Conrad.

Cour. Euer Gnaden! Welches Glück!
Als ich hinablief, fuhr am Thor des
Schlosses eben ein Wagen vorüber, und
in demselben saß der berühmte Doctor
Bernheim!

Bar. Bernheim? Je ne le connais pas!
Ich kenne ihn nicht.

Cour. O ich kenne ihn aus früherer
Zeit, ein wahrer Wundermann; Kranke,
die von allen Aerzten aufgegeben waren,
gehen durch ihn frisch und gesund herum —
ja, Todte sogar hat er durch seine Behand-
lung neu in's Leben gerufen. Darf ich ihn
verlassen?

Bar. Welche Frage! Sieht Er denn
nicht, daß ich sterbe? Warum brachte Er
ihn nicht gleich?

Cour. Ich wollte nur Euer Gnaden
vorbereiten, er hat eine etwas derbe Manier!

Bar. Ce fait rien, wenn er nur hilft!

Cour. Er wartet im untern Salon, ich
hole ihn herauf — aber Euer Gnaden,
wenn Sie sich seinen Anordnungen nicht
blindlings fügen, sind Sie verloren!
(Eilt ab.)

Bar. Verloren? Perdu! Hat Er gehört?
O, ich thue Alles, was er anordnet!

Cour. (außen, ruft). Ich bitte, Herr Doctor, nur hier herauf!

Jer. Ah, ich höre kommen, er wird
es sein!

Bar. Gott sei Dank!

Cour. (noch außen, mit veränderter Stimme)
Also hier? Die Thüre rechts? (Mit gewöhn-
licher Stimme.) Zu dienen, Herr Doctor!
Sie werden sehnlichst erwartet — bitte nur
gleich einzutreten!

Neunte Scene.
Vorige. Conrad (als Arzt).

Cour. (ganz schwarz gekleidet, eine weiße
Perrücke auf dem Kopf, grüne Brillen vor den
Augen, erscheint auf einen Krückenstock gestützt,
unter der geöffneten Thür — mit verstellter
Stimme — noch zurücksprechend). Bleibe Er
nur draußen! Ich liebe es, mit meinen
Patienten allein zu sein. (Tritt vollends ein.)
Wo ist der Aegrotus? (Zu Jeremias.)
Appage!

Bar. (zu Jeremias). Ja — geht nur — geht! (Jeremias ab.) Monsieur le docteur, je veus vous dire —

Conr. Ruhig! Ich brauche nichts zu wissen!

Bar. Excuse! Ich dächte doch, daß ich meinen Zustand —

Conr. Der Kranke kennt nie seinen Zustand selbst — die Aufgabe des Arztes ist es, ihn zu erforschen. Darum still! Nicht rühren! (Tritt zu ihm, richtet sich die Brille zurecht, sieht ihn scharf an, befühlt seinen Puls und legt ihm zuletzt die Hand auf das Herz, dann mit zufriedener Miene) Gut, Alles gut!

Bar. Gut? Pardonnez!

Conr. Ruhig! Ich rede! (Holt sich einen Stuhl, setzt sich neben den Baron, legt beide Hände auf den Stockgriff und beginnt in doctrinärem Ton.) Der Mensch stirbt entweder von außen nach innen oder aber von innen nach außen.

Bar. Sterben?

Conr. Von außen nach innen oder von innen nach außen.

Bar. Mon dieu, c'est tout égal!

Conr. Das ist nicht egal! Entweder reibt ein kranker Körper die Seele, oder aber eine kranke Seele den Körper auf!

Bar. Es kommt doch immer auf das Aufreiben hinaus!

Conr. Dazu sind wir da! Die Aerzte!

Bar. Zum Aufreiben?

Conr. Um zu erforschen, wo das Uebel sitzt. So habe ich Sie erforscht und sage, der Körper hält aus, lange, sehr lange, aber — in Ihrem Innern nagt ein Wurm!

Bar. Ein Wurm?

Conr. Ruhig! Ihr Unwohlsein war Folge eines Seelenzustandes!

Bar. Oui, c'est vrai!

Conr. Ein terror, ein Schreck über eine unangenehme Erfahrung —

Bar. En vérité!

Conr. Verbunden mit einem Vorwurf, den Sie sich selbst machen mußten. Antwort: Ja? Nein?

Bar. (sich überwindend). Ja!

Conr. Da haben wir's! Dieser innere Vorwurf, das ist der Wurm, der am Herzen nagt, bis er das letzte Restchen verschlungen hat — was man dann finis morti oder Tod nennt.

Bar. Tod!

Conr. Sie sterben von innen nach außen.

Bar. Aber verehrtester Herr Doctor! Könnten Sie mir nicht etwas geben, das den Schmerz wenigstens betäubt?

Conr. Hilft nicht! Die Menschen haben in neuerer Zeit eine Menge Mittel erfunden, um sich gefühllos zu machen! (Sehr ernst.) Aber Gott sei Dank, bis hieher — (auf das Herz) bringt kein Chloroform! Es gibt keinen Aether, welcher das verletzte Gewissen hindern könnte zu schreien, als jenen Aether — (zum Himmel deutend) wo wir vor dem richtenden und vielleicht verzeihenden Gott stehen werden.

Bar. Ich möchte aber doch noch eine Weile hier herunten bleiben! Doctor! — Ich sehe, Sie sind ein homme d'esprit! Vielleicht könnten Sie mir doch wenigstens rathen!

Conr. Wenn Sie sich mir entdecken wollen, vielleicht!

Bar. Hören Sie, es ist weiter nichts, als daß ich ein Mädchen mit einem ihr unbekannten Menschen heimlich trauen ließ, und das mußte ich thun, um meinen Sohn vor einer Mesalliance zu bewahren.

Conr. Freilich! Na, dieß wird Ihnen wenigstens einen Trost gewähren, Sie sterben ja für die Ehre Ihrer Familie! Das sind Sie Ihren Ahnen schuldig!

Bar. (heftig). Was geht das meine Ahnen an? Habe ich die zu fragen? Hat mich einer von meinen Ahnen jemals gefragt? O, wenn ich ungeschehen machen könnte, was geschehen!

Conr. (ihn fest an der Hand fassend). Wollen Sie das?

Bar. Oui, oui! Ma parole d'honneur!

Conr. Nun, so hören Sie — doch still, wer kommt?

Zehnte Scene.

Vorige. Hans.

Hans (erscheint unter der Thür). Ich suche schon im ganzen Schloß und find' ihn nicht!

Bar. Was will der Mann?

Conr. (zum Baron). Ich werde wahrscheinlich zu einem andern Patienten geholt. (Leise zu Hans) Hans rede nicht laut, ich bin's! Ich — Conrad!

Hans. Hihihi! Die Maskerade!

Conr. (le se). Ich habe für uns gearbeitet. — Alles geht gut! Hast Du meinen Rath befolgt? Herrn Glattner vermocht, hieherzukommen?

Hans. Versteht sich! ich hab' ihm vorgestellt, daß es ihm gesund wäre, einen kleinen Ausflug zu machen; jetzt sitzt er unten bei der Meierei und trinkt kuhwarme Gasmilch!

Conr. (laut, wieder mit verstellter Stimme). Sagt dem armen Mann, ich werde sogleich zu ihm hinabkommen, ich habe nur hier diesem Kranken noch Einiges zu verordnen!

Hans. Einen Kranken? — Ja, kommt mir schon selber so vor, daß der recht miserabel ist! (Zum Baron.) Na, wünsch' baldige Besserung! (Ab.)

Bar. Zu wem wurden Sie denn da gerufen?

Conr. Zu einem sehr beklagenswerthen Mann. Er ist Kaufmann, bankerott in seinem Geschäfte, wie als Vater. Ein gewisser Glattner —

Bar. Glattner!! (Die Hand auf's Herz drückend.) Oh, quel douleur! Er — er ist's, dessen Tochter ich unglücklich gemacht habe. — O, wenn ich ungeschehen machen könnte, was geschehen!

Conr. Das wäre das einzige Mittel, Sie gesund zu machen.

Bar. Aber halt! Etwas kann ich thun! Ich eile zu ihm — was ich seiner Tochter versprechen, soll er haben, und mehr noch, weit mehr! O, mit meinem ganzen Vermögen kann ich ja meine Schuld nicht tilgen!

Conr. Herr Baron! Jetzt erst sehe ich, Ihnen ist noch zu helfen!

Bar. (erfreut). Est il possible?

Conr. Wenn Sie mir in Allem folgen, dann gebe ich Sie nicht auf!

Bar. Verfügen Sie über Alles, was ich habe — ich folge Ihnen in Allem, aber (stehend) nur geben Sie mich nicht auf! (Ab.)

Eilfte Scene.

Conrad (allein)

Nein, den gebe ich nicht auf! Wenn aber der Herr Baron gewußt hätte, daß der gelehrte Herr Doctor, der ihn in die Cur genommen hat, nur ein armer Commis ist, da würde er einen curiosen Lärm geschlagen haben! Da trifft das alte Sprichwort ein: »Quod licet Jovi, non licet Bovi!« zu deutsch: »Was bei Kleinen bestraft wird, bei Großen geht's an!«

Lied.

Ein Buberl, statt von der Schul z'Haus
gleich zu laufen,
Gefallt sich darin, mit den andern Bub'n
z'raufen —
Dem strengen Herrn Vater wird das hinterbracht,
Er steht mitm' Ochsenzehn schon auf der Wacht.
Wo warst Du, heißt's, wie der den Sünder erblickt,
»Ich bitt', der Herr Lehrer hat mich wohin g'schickt.«
Pumps, regnet's ein' Schilling für b'Lug auf'n Herrn Sohn.
Wenn ein Kleiner was anstellt, da gibt's kein' Pardon!
Doch sieht man dagegen in zahllosen Haufen
Oft ganz ohne Ursach' die Völker sich raufen,
Und liest die Berichte, die darüber erscheinen,
Die heut' was bestätigen und morgen verneinen;

Die g'schossenen Breschen von allerhand
    Seiten,
Wie's über d'vernagelten Stuck sich thun
    streiten,
Behauptend, sie haben es aus sichern Hän-
    den —
Da nennt man's nicht Lügen, da nennt
    man's nur Guten.
Doch wann's uns mit falschen Berichten
    sekir'n,
Mit Guten von drenten die Welt allar-
    mir'n,
Warum kriegt für d'Lug keinen Schilling
    der Mann? —
Was bei Kleinen bestraft wird, bei
    Großen geht's an!

Ein kleiner Bub' hat **einen Finken** gefangen,
Beim Fenster darauf **in ein Häuserl auf-**
    g'hangen,
Doch weil so ein Vogel geblend't besser singt,
'Ne glühende Nadel vor d'Augen er ihm
    bringt,
Der Schulmeister sieht's, packt den Bub'n
    bei d'Ohr'n,
Hält sein Unrecht ihm vor im gerechtesten
    Zorn,
Ein Schilling ist d'rauf seiner Grausamkeit
    Lohn.
Wenn ein Kleiner was anstellt, da
    gibt's kein' Pardon!

Doch ein Mädel, ein großes, schon bei
    zwanzig Jahren,
In Künsten der Coquetterie wohl erfahren,
Die hat ihre Netze recht schlau ausgehangen
Und d'rin einen steinalten Gimpel gefangen.
Doch weiß sie, wenn der seine Sehkraft
    thät' b'halten,
So würd' er's nicht lang mehr bei ihr so
    aushalten,
D'rum wischt's ihm die Augen aus, daß es
    ihm übergeh'n,
Was vor seiner Nasen liegt, er kann's
    nimmer seh'n.
Jetzt muß er nach ihrem Tact pfeifen und
    hupfen,

Und sie thut ihm dann erst die Federn aus-
    rupfen —
Und die kriegt keinen Schilling, weil sie
    das gethan —
Was bei Kleinen bestraft wird, bei
    Großen geht's an!

Ein armer Chorist im Operntheater,
Seit **Jahren nur** monatlich **fünfzehn Gul-**
    den hat er —
Der kommt einmal **zur Prob'** um a **Vier-**
    telstund zu spät —
Der Director wie ein brüllender Löw' auf
    ihn geht.
»Heißt das bei Ihm Pünctlichkeit, Straf'
    zahl'n Sie jetzt,
Noch einmal, so **sind** Ihrer Stell' Sie ent-
    setzt!
Sie werden mich **versteh'n** — denn Sie
    kennen **mich sch n!**«
Wenn ein Kleiner was anstellt, da
    gibt's kein' Pardon.

Doch muß **man** nur **anschau'n** die Säng'rin
    die erste,
Was die sich erlaubt, **daß** vor **Gall man**
    rein berste,
An Gage wird zehntausend Gulden **aus-**
    g'sprochen.
Dafür ist sie heiser sechsmal in der Wochen,
Bei der Prob' halt's die G'sellschaft oft
    stundenlang für'n Narr'n.
Nachher kommt's in der adorateurischen
    Equipage ang'fahren;
Doch der geht ganz höflich der Director
    entgegen,
»Mein Fräulein, ich war schon recht besorgt
    Ihretwegen,
Sie sind doch nicht unwohl — **nein?** —
    Gott sei gepriesen —
's ist wohl schon sehr spät, doch kein Wort
    wegen diesem.«
So führt er's **am** Arm zu ihrem Sessel
    sodann. —
Was bei Kleinen bestraft wird, bie
    Großen geht's an!

(Ab.)

Verwandlung.

(Freie Gegend im Gebirge. Im Vordergrund eine im Schweizerstyl angelegte Meierei, von einem blühenden Garten umgeben, im Hintergrund aufsteigende waldbedeckte Berge, welche in noch weiter Ferne von hohen, schneebedeckten Gletschern überragt werden. Vor der Meierei ein Tischchen und ein Stuhl aus Baumstämmen.)

Zwölfte Scene.

Glattner. Hans.

Glattn. (kommt aus der Meierei heraus).

Hans (folgt ihm). Aber Herr Glattner, jetzt möcht' ich doch höflichst um ein anderes Gesicht bitten! Sein's doch nicht sogrob gegen die Natur.

Glattn. Was willst damit sagen?

Hans. Na ja! So ein schöner Morgen, die ganze Natur grüßt Sie so freundlich, da ist es doch Pflicht der Höflichkeit, daß Sie der Gegend auch ein bisserl freundlich zulachen.

Glattn. Ja, ja, die Natur meint's gut, sie reicht jedem gebrochenen Herzen ihren Balsam, wenn er nicht bei jedem wirkt, so ist's nicht ihre Schuld. (Setzt sich an das Tischchen.)

Hans (für sich). Aha, er bringt mich selber auf das Capitel! — Ich muß ihn ein wenig vorbereiten! (Laut.) Sie denken an Ihre Tochter, das Fräulein Minna?

Glattn. An das Fräulein Minna, ja! Eine Tochter habe ich nicht mehr. Darum nichts mehr von ihr, ich bitt' Dich!

Hans (sich abwendend). Nichts mehr von ihr — ja wegen was sonst hab' ich Sie denn da herausgebracht? (Sieht in die Scene.) Ha!

Glattn. Was ist Dir?

Hans. Nichts! Eine Gelsen hat mich gestochen! (Für sich.) Da — da kommt sie her! O mein Gott! Und er ist noch nicht recht vorbereitet! (Aengstlich hin- und herrennend.) Was fange ich denn an? Wann ich ihm's sag', lauft er am End' davon!

Glattn. Was ist Dir denn?

Hans. Mir — (Verlegen.) Ich — ich weiß nicht, ich hab' so ein Wurl'n kriegt in allen Gliedern — (vor Verlegenheit und Freude beinahe hüpfend) ich muß hupfen, springen!

Glattn. (aufstehend und zu ihm tretend). Aber alter Hans, faß' Dich doch!

Hans (für sich). Da ist's! (Laut.) Ich — ich mich fassen? Jetzt zeigen Sie, daß Sie sich fassen können! (Zeigt in die Scene.) Da, da — !

Glattn. (blickt ebenfalls in die Scene, schreit laut auf und taumelt bis zu seinem Sitz zurück). Ha, mein Gott!

Hans. Ist das Fassung?

Dreizehnte Scene.

Vorige. Minna. Conrad. Baron.

Minna (in einem einfachen Morgenkleide, ein Päckchen Papiere in der Hand, eilt herbei und sinkt weinend zu den Füßen ihres Vaters nieder). Vater, mein Vater!

Conr. (noch als Arzt gekleidet, erscheint mit dem alten Baron auf einer Anhöhe mehr im Hintergrund).

Glattn. (das Gesicht von ihr abwendend). Du hier? Ah, darauf war's abgesehen — deßhalb hat mich der Alte überredet, da herauszufahren? (Streng.) Hans, auch Du hast mich betrogen!

Hans. Betrogen? Ich habe Ihnen gesagt, ich führe Sie wohin, wo Sie eine schöne Aussicht haben werden — gibt's denn a schönere Aussicht, als die auf eine Versöhnung zwischen Vater und Kind?

Minna. Vater, hören Sie mich!

Glattn. Was willst Du bei mir? Vielleicht, daß ich Dich wieder zu mir nehme, das ist nicht möglich, es fehlt an Platz, meine Wohnung ist ein einziges Kammerl, enge und dunkel, wie's der braucht, der um seine Ehre gebracht, sich vor dem Anblick der Leute verstecken muß.

Minna (sich erhebend). Vater, ich habe Sie aufgesucht, um Ihre Ehre zu retten!

Glattn. Du? Du?

Minna (Um Ihnen die Mittel zu geben, Ihre Verpflichtungen zu erfüllen, hier — (Gibt ihm das Packet.)

Glatt. (öffnet es, wirft einen Blick hinein, faßt erschreckt). Geld? Banknoten! (Das Geld entsinkt seiner Hand.)

Hans (eilt hin und hebt es auf). Aber so geben's doch Acht! Lauter Hunderter? Sie sind doch echt? — Ja, ja, gediegenes Papier!

Glattn. Und so viel Geld bringst Du mir? Wie kannst Du das erworben haben? Mit dem Verkauf deiner Ehre! Geh, geh, behalte Dir den Preis!

Minna. Vater, Sie müssen mich anhören! — Nicht meine Ehre! (In Thränen ausbrechend.) Mein Lebensglück habe ich für Ihre Rettung geopfert — ich bin verheiratet!

Glattn. Verheiratet?

Hans. Verheiratet, ah, das hätte ich Ihnen nicht angesehen.

Glattn. Mit wem? Mit wem?

Minna. Ich kann's Ihnen nicht sagen!

Glattn. Dann ist's auch nicht wahr! Du hintergehst mich!

Baron (ist mit Conrad vorwärts gekommen und tritt zwischen Glattner und Minna). Sie spricht die Wahrheit! Ich kann's bezeugen!

Glattn. (erstaunt.) Wie? Sie, Herr Baron?

Bar. Ja, auf meinen Rath vermält!

Glattn. Mit wem? Mit wem?

Bar. (leise zu Conrad). Was soll ich sagen? Kann ich ihm entdecken, daß der Fripon, der Jonas! —

Conr. (leise). Nein, der ist's nicht!

Bar. Comment? Wer denn?

Conr. Jetzt ist der Augenblick erschienen, wo ich Sie heilen kann, für immer —

Geben Sie Ihr Ehrenwort, daß Sie Alles vergeben, was nur zu diesem Zwecke geschehen?

Bar. Ma parole! — Aber, wer ist's?

Conr. Hier kommt Minna's wirklicher Gatte!

Vierzehnte Scene.

Vorige. Eugen.

Zugleich:
Baron. Comment, mon fils?
Minna. Eugen?
Glattn. Der junge Baron?

Bar. Mein Sohn ihr Gemal? Jamais!

Conr. (leise). Ihre Cavalier-Parole!

Bar. Il faut faire bonne mine au mauvais jeu! (Laut.) Enfin, mes enfants! Kommt her — ich will Euch segnen!

Conr. Jetzt sind Sie geheilt — in Ihre Brust zieht neue Jugend ein!

Bar. Ja, ich fühl's, Kinder, an mein Herz!

Glattn. Die Ehre meiner Tochter gerettet! Minna, zu mir!

Hans. Halt, sie kann sich ja nicht zerreißen! Lassen Sie mich das Tableau arrangiren! (Zu Minna.) Sie — an das Herz! (Legt sie Eugen an's Herz) Sie, (zu Glattner) an das Herz — (führt ihn zum Baron) und ich an das Herz von dem da! (Fällt Conrad um den Hals) Conrad, Du bist ein lieber Kerl!

Glattn. Was höre ich, Conrad?

Bar. Mein Arzt?

Conr. (seine Verkleidung wegwerfend). Der Sie curirt hat, nach dem Recept, das mir — (auf Eugen und Minna weisend) die Liebe und — (Glattner's Hand erfassend) die Dankbarkeit dictirt haben.

Der Vorhang fällt.

Ende.

Von

Friedrich Kaiser

sind bei uns erschienen:

Männerschönheit. Original-Characterbild mit Gesang in 3 Acten. Mit Titelkupfer. 8. geh. 15 Sgr. oder 75 Nkr.

Schneider als Naturdichter, oder: Der Herr Vetter aus Steiermark. Posse mit Gesang in 2 Acten. Mit 1 Bild. 8. geh. 14 Sgr. oder 75 Nkr.

Eine Posse als Medicin. Originalposse mit Gesang in 3 Acten. Mit allegorischem Bilde. 8. geh. 15 Sgr. oder 75 Nkr.

Ein Fürst. Characterbild mit Gesang in 3 Acten. Mit 1 allegorischen Bilde 8. geh. 15 Sgr. oder 75 Nkr.

Mönch und Soldat. Characterbild mit Gesang in 3 Acten. Mit 1 Titelbilde. 8. geh. 15 Sgr. oder 75 Nkr.

Schule der Armen, oder: Zwei Millionen. Original-Characterbild mit Gesang in 4 Acten. Mit 1 Titelbilde. 8. geh. 15 Sgr. oder 75 Nkr.

Der Kastelbinder, oder: 10,000 Gulden. Posse mit Gesang in 3 Acten. Mit 1 Titelbilde. 8. geh. 15 Sgr. oder 75 Nkr.

Junker und Knecht. Characterbild mit Gesang in 3 Acten. Mit 1 Titelbilde. 8. geh. 15 Sgr. oder 75 Nkr.

Ein Traum — kein Traum, oder: Der Schauspielerin letzte Rolle. Posse mit Gesang in 2 Acten. 8. geh. 15 Sgr. oder 75 Nkr.

Des Schauspielers letzte Rolle. Posse mit Gesang in 3 Acten. Mit 1 Titelbilde. 8. geh. 15 Sgr. oder 75 Nkr.

Dienstbotenwirthschaft, oder: Chatoulle und Uhr. Characterbild mit Gesang in 2 Acten. Mit 1 Titelbilde. 8. geh. 12 Sgr. oder 60 Nkr.

Doctor und Friseur, oder: die Sucht nach Abenteuern. Posse mit Gesang in 2 Acten. Zweite Auflage. 7½ Sgr. oder 35 Nkr.

Zum ersten Male im Theater. Posse in 1 Acte. 7½ Sgr. oder 35 Nkr.

Müller und Schiffmeister. Posse mit Gesang in 2 Acten. 10 Sgr. oder 50 Nkr.

Zwei Pistolen, oder: Erschossen oder lebendig. Posse mit Gesang in 2 Acten. 10 Sgr. oder 50 Nkr.

Ein neuer Monte-Christo. Original-Characterbild in 3 Acten. 12 Sgr. oder 60 Nkr.

Die Frau Wirthin. Characterbild mit Gesang in 3 Acten. 12 Sgr. oder 60 Nkr.

Etwas Kleines. Characterbild mit Gesang in 3 Acten. 12 Sgr. oder 60 Nkr.

Zwei Testamente. Characterbild mit Gesang in 3 Acten. 12 Sgr. oder 60 Nkr.

Unrecht Gut. Characterbild mit Gesang in 3 Acten und Vorspiele 12 Sgr. oder 60 Nkr.

Von Friedrich Kaiser erscheinen demnächst:

Eine Feindin und ein Freund. — Ein Lump. — Verrechnet. — Ein Jagd-Abenteuer. — Palais und Irrenhaus.

————————

17. Lief. **Olgo.** Lustspiel in 1 Akt, frei nach dem Französischen von L. Julius.
7½ Sgr. oder 35 Nkr.

18. — **Zwei Pistolen**, oder: Erschossen und lebendig. Posse mit Gesang in 2 Akten, von Friedr. **Kaiser.** 10 Sgr. oder 50 Nkr.

19. **Der Bräutigam ohne Braut.** Lustspiel in 1 Akt. v. Herzenskron. **Zweite Auflage.**
7½ Sgr. od. 35 Nkr.

20. **Ein Mädchen ist's und nicht ein Knabe.** Lustspiel in 1 Akt nach dem Französischen, von **Herzenskron. Zweite Auflage.**
7½ Sgr. oder 35 Nkr.

21. — **Elias Regenwurm.** oder: Die Verlobung auf der Parforcejagd. **Posse mit Gesang** in 2 Akten, v. Friedr. Hopp. 12 Sgr. od. 60 Nkr.

22. — **Hoang-Puff.** Posse in 1 Akt. nach dem Französischen der Herren Caignéz u. Louis, frei bearbeitet **von** Zweite Auflage. 7½ Sgr. od. 35 Nkr.

23. — **Der Kuß an den Ueberbringer.** Lustspiel in 1 Akt nach dem Französischen des Scribe **von** Herzenskron. **Zweite Auflage.**
7½ Sgr. oder 35 Nkr.

24. — **Das Häuschen in der Aue.** Lustspiel in 1 Akt, nach dem Französischen. La maison do bois, von Caignéz, frei bearbeitet von **Herzenskron. Zweite Auflage.**
7½ Sgr. oder **35** Nkr.

25. — **Die Rebenbuhler.** Lustspiel in 5 Akten, nach Sheridan's "Rivals" aus dem Englischen übersetzt und zur Aufführung eingerichtet von F. G. Hanker. 10 Sgr. oder 50 Nkr.

26. — **Onkel Tom.** Amerikanisches Zeitgemälde mit Gesang und Tanz in drei Abtheilungen nebst einem Vorspiele nach Stowe's Roman: "Onkel Tom's Hütte," von Th. v. Megerle.
10 Sgr. **oder** 50 Nkr.

27. — **Ein alter Corporal. Charakter-Gemälde** in 5 Akten, **von** Carl Juin und **P. J. Reinhard.** Theilweise **nach** Dumanoir.
10 Sgr. **oder 50** Nkr.

28. — **Servus, Herr Stutzerl!** Posse **in 1 Akt**, von Carl Juin und Louis Fierz. **Neue Auflage.** 7½ Sgr. **oder 35** Nkr.

29. — **Die Ehre des Hanses.** Drama **in 5 Akten**, von Carl Juin und P. J. Reinhard. **Nach** Léon Battu und Maurice Desoignes.
10 Sgr. oder 50 Nkr.

30. **Die Obsthändlerin des Königs.** Drama in 3 Akten und einem Vorspiele, unter dem Titel: Der Wasserträger von Paris. Nach dem Franz. frei bearbeitet von Ther. v. Megerle. 8 Sgr. oder 40 Nkr.

31. — **Gervinus, der Narr vom Unterberg.** Posse mit Gesang in 3 Akten von A. Berla.
8 Sgr. oder 40 Nkr.

32. — **Eulenspiegel, oder Schabernack über Schabernack.** Posse mit Gesang in 4 Akten, von J. Nestroy. **Zweite Auflage.**
10 Sgr. **oder 50** Nkr.

33. Lief. **Hempel, Krempel und Stempel.** Posse in 1 Akt. **Frei nach** Morton's: „Grimshaw, Bagshaw **and Bradshaw,"** v. K. Graeser.
7½ Sgr. oder 35 Nkr.

34. — **Wahn und Wahnsinn.** Schauspiel in 2 Akten, nach Melesville's: Elle est folle bearbeitet von Lembert. **Zweite Auflage.**
8 Sgr. oder 40 Nkr.

35. — **Ein Florentiner-Strohhut.** oder: Fatalitäten an dem Verlobungstage. Posse mit Gesang in 3 Akten. von Carl Juin und L. Fierz. 8 Sgr. 40 Nkr.

36. — **Ein neuer Monte-Christo.** Original-Charakterbild in 3 Akten von Friedr. Kaiser.
12 Sgr. oder 60 Nkr.

37. — **Die schöne Fiakerin.** Lokaler Schwank mit Gesang und Tanz in 3 Akten. Nach einer älteren Kringsteiner'schen Posse, frei bearbeitet **von** A. G. Raske. 8 Sgr. oder 40 Nkr.

38. — **Eine reife Melone.** Schwank in 1 Akt nach **Boyle** Bernard's Platonic attachements, v. K. Graeser. 7½ Sgr. oder 35 Nkr.

39. — **Der Arzt wider Willen.** Schwank in 2 Akten, frei nach Molière, von K. Graeser.
7½ Sgr. oder 35 Nkr.

40. — **Am Clavier.** Lustspiel in 1 Akt von Th. Barrière und Jules Lorin. **Nach dem Französischen frei bearbeitet von** M. A. Grandjean. 7½ Sgr. oder 35 Nkr.

41. — **Allzu toll.** Fastnachtsposse in 1 Akt. frei bearbeitet nach Selby's „My **friend in the** straps" von K. Graeser. 7½ Sgr. od. 35 Nkr.

42. — **Die Geldfrage.** Lustspiel in 5 Aufzügen, **von** Alexander Dumas Sohn, deutsch von **P. J. Reinhard.** 12 Sgr. oder 60 Nkr.

43. — **Diana de Lys.** Schauspiel in 5 Aufzügen **von** Alexander Dumas Sohn, deutsch von **P. J. Reinhard.** 12 Sgr. oder 60 Nkr.

44. — **Der natürliche Sohn.** Schauspiel in 4 Aufzügen und **einem Vorspiel** in 1 Aufzuge, **von** Alexander Dumas Sohn, deutsch **von P. J. Reinhard.** 12 Sgr. oder 60 Nkr.

45. — **Die Dame mit den Camelien.** Schauspiel in 5 Aufzügen **von** Alexander Dumas **Sohn, deutsch von P J. Reinhard.**
12 Sgr. oder 60 Nkr.

46. — **Ein Hut.** Lustspiel in 1 Akt. Frei **nach** Mad. Emile de Girardin, von M. A. Grandjean. 7½ Sgr. oder 35 Nkr.

47. — **Das hohe C.** Lustspiel in 1 Akt von M. A. Grandjean. 7½ Sgr. oder 35 Nkr.

48. — **Das Concert. Lustspiel** in 1 Akt von P. M. Daghofer. 8 Sgr. oder 40 Nkr.

49. — **Ein weiblicher Monte-Christo.** Charakterbild aus dem Pariser Leben, in 4 Abtheilungen und 5 Akten mit Musik und Tanz von Th. Megerle. 12 Sgr. oder 60 Nkr.

50. — **Ein Mann ohne Herz.** Genrebild in 5 Akten von Al. Fr. Pann 8 Sgr. oder 40 Nkr.

Druck und Papier von Leopold Sommer in Wien.